무조건 잘되는 사람은
이렇게
사업합니다

무조건 잘되는 사람은 이렇게 사업합니다

1판 1쇄 인쇄 2022년 2월 24일
1판 1쇄 발행 2022년 3월 8일

지은이 이상태
펴낸이 이기준
펴낸곳 리더북스
출판등록 2004년 10월 15일(제2004-000132호)
주소 경기도 고양시 덕양구 지도로 84, 301호(토당동, 영빌딩)
전화 031)971-2691
팩스 031)971-2692
이메일 leaderbooks@hanmail.net

리더북스는 독자 여러분의 책에 관한 아이디어와 원고 투고를 설레는 마음으로 기다리고 있습니다.
책으로 엮기를 원하는 아이디어가 있으신 분은 이메일 leaderbooks@hanmail.net로 간단한 개요
와 취지, 연락처 등을 보내주세요.

사업가들이 가장 궁금해하는 TOP 50의 명쾌한 해답

무조건 잘되는 사람은 이렇게 사업합니다

이상태 지음

리더북스

오늘 백만장자 사업가와
단둘이 식사한다면
어떤 이야기를 하시겠습니까?

이 책은 공익과 사익을 동시에 추구하는 비즈니스 모델의 길라잡이다. 최근 각 기업에서도 ESG 열풍이 부는데, 이 막연한 개념을 '어떻게 실천하는지' 또 그것이 '지속 가능한 사업에 어떤 도움이 되는지'를 생각해보는 계기가 되었다. 미래를 앞서 생각하고 대비하는 저자의 통찰에서 적지 않은 도전과 자극을 받았다. 사업을 하는 분들에게 최고의 조언이 담긴 책이다.

- 신동휘(CJ대한통운 부사장)

사람들은 왜 희소가치에 반응하는가? '질'을 추구하던 시대에서 '격'을 추구하는 시대로 가고 있기 때문이다. '격'을 추구하는 시대에서는 단순히 학력, 재력 등의 기준을 충족하기보다 자기만족과 자기 위안이 더 필요하다. 사람들은 갈수록 희소가치 추구를 통해 한 차원 높은 삶을 살기를 바란다. 이 책은 희소성에 반응하는 사람들의 이런 심리를 설명하면서 성공한 사업가들이 희소성을 어떻게 전략적으로 이용하는지 잘 보여준다.

책에서 '사업가는 넓게 보는 사람이 아니라, 깊게 보는 사람이다.'라는 문장이 눈에 띄었다. 사업가는 넓은 식견과 경험을 두루 갖춘 존재라고 생각하기 쉽지만, 실제로는 자기가 정말 잘 알고, 잘할 수 있는 분야를 깊게 보는 사람이다. 성공한 사업가는 자신의 한계를 명확히 규정한다는 말이 정말 와닿는다. 이 책은 예비창업자, 초보 사업가들에게 길을 잃지 않는 나침반이 될 것으로 확신한다.

- 박명화(미래에셋생명 이사)

저자는 공직과 기업을 넘나들며 직접 경험한 일과 남들이 접하지 못했던 사례를 수집하여 낱낱이 공개한다. 그 사례가 매우 다양하고 구체적이어서 독자들이 쉽게 공감할 수 있다. 특히 사람들의 심리를 자극하며 새로운 희소가치 전략을 제시한 부분은 다른 책에서 볼 수 없었던 차별성이다.

이 책을 읽고 나면 일하면서 부닥치는 여러 가지 문제로 복잡했던 머릿속이 명쾌하게 정리될 것이다. 특히 저자는 사업의 난제를 풀어갈 때 '지식'도 중요하지만, '협력'이 더 가치 있는 해결 방법이라고 강조한다. 나 역시도 국가에 봉사하는 공무원으로서 지식과 상식에만 의존한 것은 아닌지 돌아보았고, 관련 주체자와 구성원들의 입장을 경청하고 이해하려 했는지 생각해보는 계기가 되었다. 국민의 편익을 증진하기 위해 미래를 향해 열려있는 협력을 실천해보려 한다.

- 이현주(대한민국 국회 보좌관)

나는 환자를 돌보는 의사이면서 한편으로는 병원을 경영하는 사업가이기도 하다. 병원 서비스를 개선하면서도 늘 '이게 최선인가?' 또 '어떻게 하면 문제를 잘 해결할 수 있을까?'를 고민해왔다. 그러던 중 이 책을 읽으면서 희소성에 관하여 인사이트를 얻었다. 희소성은 물리적으로 드물고 적다는 의미를 담고 있지만, 역설적으로 희소가치가 있다면 생각과 전략, 디자인, 시스템에서의 차별성을 꾀할 수 있다. 이 점에서 근본적인 사업 운영의 힌트를 얻었다. 이 책은 그동안 경영에서 무엇이 부족했는지를 돌아보고, 또 사업을 어떻게 성장시켜 나가야 하는지를 알려주는 귀중한 경험을 제공했다. 강력하게 추천한다.

- 정재훈(아주편한병원 병원장, 정신건강전문의)

왜 누구는 사업에 성공하고, 누구는 실패하는가? 이 책은 모두가 성공하기를 원하지만 아무나 성공한 사업가가 될 수 없는 이유를 제시하면서 생각부터 달라져야 한다고 강조한다. 저자가 몸소 체득한 부자 사업가들의 마인드는 그동안 탈피하지 못했던 고정관념을 송두리째 바꿔놓는 데 도움이 될 것이다. 사업가뿐만 아니라 창업을 꿈꾸며 퇴사를 준비하는 20~30대 젊은 직장인, 취업 등 진로를 모색하는 대학생들에게도 유용한 책이다. 미래의 부를 놓치고 싶지 않다면 사업의 본질을 다룬 이 책을 꼭 읽어보라고 권하고 싶다.

　- 이정식(크라운법률사무소 대표변호사)

프롤로그

이 책은 질문 하나에서 시작되었다.

'백만장자 사업가는 식사하면서 도대체 무슨 생각을 할까?'

인간은 매일 뭔가를 먹어야 한다. 뱀처럼 한 번 사냥한 뒤에 3일 동안
가만히 햇볕을 쬐며 소화하지 않는다. 곰처럼 잔뜩 먹이를 먹은 후에 활
동을 중단하고 동면하지도 않는다. 그 대신 인간은 생각하고, 타고난 지
구력으로 '먹고살기 위해' 죽도록 일을 한다.

백만장자나 박봉에 시달리는 월급쟁이나 똑같이 하루 세 끼를 먹는
다. 그런데 누구는 백만장자로 경제적 자유를 누리고, 누구는 돈에 쪼들
리며 겨우 입에 풀칠하고 산다. 나는 그 이유가 궁금했다.

백만장자와 박봉의 월급쟁이가 식사하면서 하는 생각의 차이가 부자와 빈자를 가른다. 빈자는 밥을 먹으면서 '끼니'를 걱정한다. 반면에 백만장자는 식사하면서 사람과 돈을 끌어당기는 '거리'를 생각한다. 매출을 더 늘릴 수 있는 좋은 '먹거리'를 찾는 자와 아무 생각 없이 지나치는 자의 차이는 생각에서 비롯된다.

나 역시도 이 사실을 알기 전까지는 생계형 월급쟁이였을 뿐이다. 경기 북부에 있는 동네 안과를 5년 만에 국내 최고의 안과로 자리매김하게 만들기 전까지는 말이다. 밥상머리에서 내 머릿속은 '어떻게 하면 개인 안과가 생존을 넘어, 새로운 먹거리를 만들 수 있을까?' 이 질문으로 꽉 차 있었다.

이런 생각의 과정에서 한 가지 자명한 깨달음을 얻었다. 그것은 오직 생존에만 매달린다면, 결국 생존할 수 없다는 것이었다.

1975년에 코닥(Kodak)은 디지털카메라를 세계 최초로 만들었다. 이것을 "좋긴 한데, 아무한테도 얘기하지 마라." 하며 숨긴 일화는 너무나 유명하다. 코닥은 당장 큰 수익이 나는 필름 사업에만 매달렸다. 디지털카메라가 앞으로 새로운 시장을 열 것이라는 '사고의 대전환'을 하지 못했다.

그렇다면, 사고의 대전환을 꾀하기 위해서는 무엇이 필요한가?

월스트리트의 철학자로 불리는 가치투자자 하워드 막스(Howard Marks)는 저서《투자에 대한 생각》에서 이런 이야기를 한다.

"요행을 바라는 것은 좋은 투자 전략이라고 할 수 없으며, 자신의 통찰력에 집중해야 한다. 농구에 관한 속담 중에 '선수의 키는 지도할 수 없다.'라는 말이 있는데, 이는 코치가 아무리 선수를 잘 지도해도 그 선수의 타고난 키에는 영향을 미치지 못한다는 뜻이다. 마찬가지로 통찰력은 누가 가르친다고 해서 생기는 것이 아니며, 여느 기술들이 그렇듯이 투자에 대한 이해력이 그저 남들보다 뛰어난 사람들이 있는 것뿐이다. 다시 말해 벤저민 그레이엄이 유려한 화법으로 강조했던, 투자자들에게 꼭 필요한 '약간의 현명함'이 이들에게는 있는 것이다(물론 그것은 노력의 산물이기도 하다.)"

하워드 막스는 통찰력이란 가르친다고 생기는 게 아니라고 일축한다. 통찰력을 설명하면서 농구 선수의 키와 연결 지어 비유한 것을 보면, 그가 얼마나 통찰력 있는 사람인지를 알아챌 수 있다. 실제로 그는 2017년 〈포브스〉 선정 '가장 부유한 미국인'(순자산 19억 1,000만 달러) 리스트에 이름을 올린 백만장자이기도 하다.

어디까지나 내 해석이지만, 코치가 전략이나 전술은 알려줄 수 있어도 농구 선수로서 마땅히 갖춰야 할 볼에 대한 집착, 팀에 기여하는 헌신, 경기를 봐주는 팬들에게 감사하는 '약간의 현명한 태도'는 가르쳐 줄 수 없다는 뜻일 것이다. 그러면서 문장 맨 마지막의 괄호 안에 이 약간의 현명함은 '노력의 산물'이라고 덧붙였다. 즉, 타인이 통찰력을 가르쳐 줄 수는 없지만, 자발적으로 노력한다면 가능하다는 이야기다.

'약간의 현명함'을 기르는 방법. 나는 이것을 조리 도구를 이용하는 방법과 연관 지어서 얘기해 보려고 한다. 개인 안과의 생존과 경영을 고민했던 필자가 어째서 조리 도구를 비유로 드는지 의아해할 수도 있을 것이다. 하지만 여기에는 그럴듯한 2가지 명분이 있다.

❶ 나는 중식 조리사 자격증이 있다. 요리하는 것을 진심으로 좋아한다. 요리를 잘 모르는 문외한이 아니라 전문 요리사 수준이다.
❷ 조리 도구를 어떻게 활용해야 하는지 너무나 잘 알고 있다. 그럴 싸한 비유를 들기 위해 조리 도구들을 마구잡이로 끌어온 게 아니다.

조리 도구들을 활용하는 방법은 상상력과도 관계가 깊다. 당신이 어떤 사업을 하든 제대로 적용해볼 만한 사업 철학이 될 수 있다.
다만, 내가 사업을 잘 운영해온 성공한 방식이라도 각자의 상황이 다를 수 있음을 인정한다. 전혀 다른 상황에 놓인 사람들에게 '너도나도 야나두' 하듯 나의 성공사례나 내 사업 모델을 그대로 적용해보라고 권할 수는 없다. 장기투자가 옳다고 해도 모든 사람이 워런 버핏(Warren Buffett)처럼 투자할 수는 없는 노릇이다. 건강한 몸을 유지하고 근력을 키우기 위해서 헬스를 하는 것이 좋다고 해도 모든 사람에게 아널드 슈워제네거(Arnold Schwarzenegger)처럼 운동하라고 권할 수도 없다. 하지만 워런 버핏의 투자와 아널드 슈워제네거의 운동에 관한 철학은 배워볼 만한 가치가 있지 않겠는가?

내 생각과 사업 비법이 담긴 이 책을 읽으면서 당신이 고정관념에서 벗어나고, 사고의 대전환을 가져오는 통찰력을 기를 수 있다면 더는 바랄 것이 없다.

조리 도구 중에 '뒤집개'는 프라이팬에 요리할 때 음식을 뒤집는 기구다. 이 책이 '뒤집개(turner)'의 역할을 한다면 그것만으로도 충분한 가치가 있을 것이다.

· · ·

목차

7장 부자 사업가의 '냉장고'
나의 경험을 보관하는 도구

- 1장 -

부자 사업가의 '손'

모든 사업의 기본이 되는 도구

"일단 손을 적극적으로 쓰겠다는 마음을 먹어야
조리할 수 있고,
더 나아가 도구를 손의 확장 수단으로,
달리 말해 내 것으로 만들 수 있다."

- 이용재, 《조리 도구의 세계》 중에서

01 　 광고판, 나침반 그리고 발판

 나는 월급쟁이로 살 때 '백만장자의 통찰'에는 전혀 관심
이 없었다. 남들보다 조금 더 나은 삶을 바랐을 뿐이다.

젊은 나이에 국회의원 보좌관으로 일했고, 이후에는 CJ(제일제당) 전
략팀으로 옮겼다. 서른한 살 때였다. 팀의 최연소 과장이었다. 입사해
서 9년을 재직해야 과장이 되는데, 경력을 인정받아 한 번에 그 자리에
앉았다. 이 경험으로 많은 배움을 얻었다. 재계 서열 13위인 CJ가 1위
인 삼성과 어떻게 경쟁하는지, 그 과정을 직접 눈으로 확인하고 몸으로
학습했다.

한편으로는 잠시 착각에 빠지기도 했다. 큰 조직에 속한 직원으로서
마땅히 해야 할 일을 한 것뿐인데, 마치 좋은 성과를 혼자 해낸 것처럼
여겼다. 회사에서 높은 자리로 올라갈수록 엘리트임을 자부했다. 이것

20

은 국회의원들이 재선, 3선을 거치며 자기가 곧 대통령이 될 수 있을 것으로 착각하는 것과 비슷했다. 내가 모든 것을 알고, 모든 것을 할 수 있을 것만 같았다.

하지만 대기업에서는 모든 일에 능통할 수 없다. 임원이 되고 더 높은 자리로 올라갈수록 더 많은 것을 경험하리라 기대하지만 절대로 그렇지 않다. 얻는 것이 있으면 반드시 잃는 것이 있다. 이것이 '등가교환의 법칙'이다.

고위직 임원에게 비서를 붙여주고, 비싼 차를 내어주며, 높은 연봉을 주는 이유는 무엇인가?

일종의 '광고판' 역할이다. 직원들에게 회사에 이바지하면 이런 대우를 받고 성공할 수 있다고 동기부여를 해주는 것이다.

다행히 내 마음속에는 여전히 '나침반'이 작동하고 있었다.

'10년 후에도 이 회사에서 인정받고 자리를 보존할 수 있을까?'

절대로 그렇지 않음을 직감했다. 생계형 임원의 미래는 정해져 있었다. 나는 더 늦기 전에 내 일을 시작해야겠다고 마음먹었다. 진정으로 내 것이 아닌 것에 연연해하지 않기로 했다. 본격적으로 내가 하고 싶은 일을 하려면 내가 누리고 있던 것을 훌훌 벗어던지고 밑바닥으로 내려가야 했다. 나는 회사에 사직서를 제출하고 조리사 자격증을 따기로 했다. 그렇게 나는 새로운 일의 '발판'을 마련했다.

02 사업가의 '손'은 돈을 버는 기본 도구

 조리사 자격증을 따는 과정은 만만치 않았다. 조리하면서 가장 먼저 든 생각은 이러했다.

'내가 이렇게 요량도 없는 사람이었나?'

일종의 자기반성이었다. 30~40분 안에 요리 2개를 만들어야 했다. 무엇을 먼저 해야 하는지, 어떤 방법이 가장 효과적인지 감이 오지 않았다. 이 문제를 해결하기 위해서 첫 번째로 주목해야 할 것은 '손'이었다. 같은 재료로 요리하더라도 이를 다루는 사람의 손에 따라 전혀 다른 결과가 나오기 때문이다.

햄버거 하나를 만든다고 가정해보자.

어떻게 쌓을 것인가?

번(bun)의 하단에 양상추를 깔고 패티, 치즈, 토마토를 얹을 것인가?

아니면, 하단에 치즈를 깔고 패티, 토마토, 양상추를 얹을 것인가?

당신이라면 어떻게 햄버거를 만들겠는가?

애플과 구글의 이모지(imoji)에 들어간 각기 다른 햄버거를 보며 생각해보자.

햄버거를 어떻게 만들 것인지 고민을 끝냈다면 그나마 다행이다. 이후에는 모든 과정을 '손'이 결정해야 한다. 모든 요리에는 정해진 시간이 있다. 조리 과정에서 '머리'를 쓰고 있다면 시간이 지체될 수밖에 없다.

한 번이라도 직접 토마토를 썰어본 적이 있는 사람은 이해가 빠를 것이다.

햄버거에 들어갈 토마토의 적당한 두께는 어느 정도일까?

직접 내 손으로 해봐야 알 수 있다. 같은 시간과 노력을 들이더라도 '손을 어떻게 쓰느냐'에 따라 결과물은 전혀 다르게 나온다.

요리하면 융합을 쉽게 경험한다. 햄버거의 내용물은 각기 다르고, 개별적인 재료들을 한데 모아 만든다. 요리사는 햄버거를 만드는 전 과정을 주도해서, 원스톱으로 할 줄 알아야 한다. 재료 하나하나를 다듬는 것이 곧 선택이고 전략이다. 사업도 마찬가지다.

03 백만장자는 손을 도구처럼 갈고 닦는다

이 시대가 요구하는 인재상은 '빅 비즈니스 시장'과 '스몰 비즈니스 시장'을 두루 경험한 사람이다. 손과 발의 중요성은 현장경험이 도외시되는 인터넷 세상에서 더더욱 두드러지고 있다.

대기업은 큰 조직과 자본의 힘으로 사업을 추진할 수 있다. 하지만 조직 속의 개인은 어떠한가?

'사축(社畜)'이란 말이 있다. 자의와 무관하게 회사의 가축처럼 길들어 일에만 매인 직장인을 이르는 신조어다. 조직은 일한 만큼 먹고살 월급을 주지만 개인의 인생을 책임지지 않는다. 회사의 가축처럼 일하는 직장인은 언젠가 독립해야 할 순간이 반드시 온다. **이 시기가 눈앞에 닥치기 전에 자신의 생산성을 스스로 결정할 수 있어야 한다.**

요즘에는 '행복하게 돈을 버는 일'을 찾아서 미리미리 '인생 분산투자'

를 하는 N잡러들이 늘어나고 있다. N잡러는 생계유지를 위한 본업 외에도 개인의 자아실현을 위해 여러 개의 직업을 가진 사람을 의미한다.

세계적 기업인 아마존(Amazon)의 직원들은 근속 연수가 3년밖에 안된다. 왜 그럴까? 회사에서의 압박이 견디기 힘들 만큼 크기 때문이다. 그런데도 사람들은 어떻게든 아마존에 입사하기를 간절히 바란다. 날카로운 창에 자기 몸을 스스로 찔러 넣는다. 스스로 오너십을 발휘할 수 없고, 자기 경영을 할 수 있는 '무기'가 없기 때문이다.

물론, 아마존에 입사하고 일하는 과정에서 창술을 배우고 나오는 사람도 있다. 창을 움직이는 손, '손의 본질'을 보고 손을 도구처럼 갈고 닦은 사람이다.

손의 본질은 무엇인가?

크든 작든 직접 할 수 있는 '기능성'과 '가능성'에 손의 본질이 있다. 작은 성취감을 느낄 수 있는 일을 내 손으로 계속해야 한다. 내 손으로 나의 정체성을 발견하고 내가 무엇을 좋아하는지, 어떻게 삶을 경영해야 할지를 생각해야 한다.

오래전에 한국외식과학고등학교에 방문했었다. 이 학교에서 공부하는 학생들은 호텔 취업이 목표였다. 배우는 모든 과목이 호텔 업무와 관련이 깊다. 예를 들면, 일반 고등학교처럼 영어와 수학, 미술 과목이 있긴 하지만, 특히 음식에 관련된 영어, 원가계산 같은 수학, 음식의 색과 조화에 집중한 미술을 함께 배우는 식이다. 이 학생들이 모두 호텔에 취직하는 것은 아니겠지만, 적어도 자기 경영과 사업 비법을 배운다는 점에서 주목할 만했다.

이것이 매우 중요하다. 내 손으로 얻은 경험은 많든 적든 중요한 자산이다. 당장은 돈을 적게 벌더라도 자기 경험이 쌓일수록 자기 사업을할 수 있는 기회가 많아진다.

부지런히 밭에 뿌려놓은 씨앗이 있어야 돈을 벌 수 있다. 누군가의 주머니에서 나온 돈은 빼먹는 돈이지 내 돈이 아니다. 나를 어떤 시장에, 어떻게 브랜딩하느냐에 따라 돈과 사람이 자연스럽게 따라오고 모인다.

내가 만난 부자 사업가들은 언제나 손을 소중히 생각했다. 손을 도구처럼 갈고 닦는 것을 멈추지 않았다. 이것은 다음에 설명할 '희소성'과 밀접한 관련이 있다.

04 물과 다이아몬드 중 어느 것이 더 비싼가?

우리는 자본주의 사회에 살면서 큰 착각을 한다. 자본주의의 근간이 '경쟁'이라고 생각하는 것이다. 과연 그럴까?

힘으로 제압하는 시대는 이미 지나갔다. 학력과 재력의 경쟁 또한 무의미해졌다. 남들보다 지식이나 경험이 조금 부족하더라도 자신의 개성을 발휘할 수 있는 소재를 찾고, 새롭게 공동체를 구성하는 것이 더 중요한 세상이 도래했다. 이른바 '희소성(稀少性)의 시대'다.

희소성은 경제학적 표현이다. 한자를 풀이하면 '드물고 적은 성향'이라는 뜻이다. 우리의 욕망은 무한하다. 반면에 자원은 상대적으로 제한적이다. 우리는 늘 무엇을 취하고 무엇을 버릴지에 대한 '선택'을 해야한다. 이러한 선택은 '합리성'을 근거로 이루어진다. 하지만 이 합리성은 '논리적'인 것이 아니다. 어디까지나 자신의 여건과 판단에서 나름의 합리성을 추구하는 것일 뿐, 논리나 객관성은 부차적인 것에 지나지 않는다.

경제학 개론에서 다루는 사례가 하나 있다.
'물과 다이아몬드 중 어느 것이 더 비싼가?'

희소성의 원칙에 따르면, 다이아몬드가 더 비싸다. 하지만 다이아몬드는 생명과 직결된 물과 비교하면 없어도 상관없는 것이다. 흑연과 분자구조만 다를 뿐, 탄소 덩어리에 지나지 않는다. 특히 희소가치의 대명사인 '금'과 비교하면 정말 쓸모없는 돌멩이다.

그런데도 우리는 왜 다이아몬드가 물보다 비싸다고 착각하고, 이를 당연시할까?

그 이유는 두 가지로 요약할 수 있다.

❶ 대다수의 사람들이 다이아몬드와 비교해 물이 흔하다고 착각하기 때문이다. 참고로, 지구상에 있는 물 가운데 97.5%는 바닷물이고, 사람이 마시고 사용 가능한 담수는 2.5%에 불과하다.

❷ 다이아몬드에 대한 소비자의 욕망이 물보다 더 크게 반영되어 수요를 높이기 때문이다.

이런 이유로 우리는 '다이아몬드가 물보다 더 비싸다.'라는 것에 암묵적으로 동의하고 있다. 특히 두 번째 이유를 이해하는 것이 중요하다. 이는 '다이아몬드를 갖고 싶어 하는 문화'가 존재하고 있기에 가능한 것이다. 이러한 문화는 어떻게 만들어졌을까?

05 희소성의 시대, 손의 욕망에 주목하라

 '사랑'을 '다이아몬드'로 연결하는 마케팅 캠페인이 있었다.

"다이아몬드는 영원하다. 청혼은 다이아몬드로."

세계 1위 다이아몬드 생산업체인 드비어스는 이 캠페인으로 다이아몬드 시장을 창조했다.

실제로 다이아몬드가 영원한가? 그렇지 않다. 강하지만 충격을 받으면 쉽게 부서진다. 이런 '사실'보다 더 중요한 것은 '메시지'였다. 남성들은 '청혼'할 때 다이아몬드를 주는 것으로 여성의 환심을 샀다. 결과적으로 베이비붐 세대는 이 메시지를 적극적으로 소비했다. 드비어스가 만들어낸 다이아몬드 캠페인은 무려 100년간 '희소성'을 근거로 필수적인 것처럼 여겨지며 청혼 문화로 자리 잡았다.

그 당시 다이아몬드는 흔한 광물이었고, 드비어스가 전 세계 다이아몬드 광산의 80%를 독점했었다. 드비어스가 물량을 조절하며 가격을 올리고 있다는 것을 아는 사람들은 극소수였다.

다이아몬드가 실제로는 영원하지 않듯, 드비어스의 캠페인도 시대의 변화와 함께 퇴색하기 시작했다. 특히 밀레니얼 세대는 다이아몬드에 대한 환상이 크지 않았다.

2000년대에 태어나 유소년기부터 IT 과도기를 겪고, 글로벌 금융위기를 경험한 이 세대는 다이아몬드나 결혼보다 '실리'를 추구했다. 이른바 스타벅스 입장권이라고도 불리는 애플의 맥북(Macbook)에 더 큰 희소성을 느끼는 세대였다.

세대가 바뀌며 소비자의 성향도 변화했다. 그러면서 견고해 보였던 드비어스의 매출에도 금이 가기 시작했다. 2019년 드비어스의 천연 다이아몬드 매출은 전년보다 26%나 줄어들었다.

여기서 우리가 주목해야 할 것은 '욕망'이다. 나는 '에너지 보존의 법칙'처럼 인간에겐 '욕망 보존의 법칙'이 있다고 생각한다. 욕망이란 사라지거나 새롭게 생겨나는 것이 아니라 에너지처럼 그저 옮겨가는 것일 뿐이다.

다이아몬드와 애플의 제품에는 전혀 다른 듯하지만 한 가지 공통적인 욕망이 숨어있다. 바로 '손'이다.

나의 손이 무엇을 붙들고 있으면 좋겠는가?

　누구나 자기 손에 '명품'이 있기를 바란다. 이러한 관점에서 본다면 베이비붐 세대에게는 다이아몬드에 대한 욕망이 있었다. 하지만 밀레니얼 세대, 이후 Z세대가 등장하면서 다이아몬드에 대한 욕망은 맥북과 아이폰으로 바뀌었다.

　백만장자 사업가는 가장 먼저 사람들의 손을 본다. 그 손이 무엇을 붙들고 있는지를 살핀다. 실생활에서 당신의 손, 다른 사람의 손은 무엇을 향하고 있는가? 왜 그곳으로 손이 가고 있는가? **손의 욕망에 부자 사업가가 되는 기회가 숨어있다.**

06 사업가의 손은
자기를 비추는 거울이다

많은 초보 사업가들은 경험이 부족하다. 제대로 된 조언 없이 막막하게 사업을 시작한다. 열에 아홉은 거래처에 발등을 찍힌다. 일을 믿고 맡긴 직원에게 뒤통수를 맞기도 한다. 마치 정해진 절차처럼 말이다.

사업을 할 때 믿을 수 있는 것은 결국 자신의 두 손뿐이다. 모든 사람을 의심하고 오직 자신만 믿으라는 게 아니다. 사업하다가 망해도 자기 손으로 직접 해보고 망해야 한다는 뜻이다. 그래야 실패를 해도 손을 짚고 바닥에서 다시 일어설 수 있다.

사업가에게 가장 중요한 경험은 '성공'이 아니라 '실패'다. 만약 실패 없이 나름의 성공을 거뒀다면 반드시 스스로 돌아봐야 한다.

초심자의 행운이 아니었는가?

이 행운으로 언제까지 돈을 벌 수 있는가?

이 방식으로 계속해서 사업을 확장할 수 있는가?

특히 주식시장은 이런 관점이 정확히 반영된다. 모 기업이 올해 1조 매출을 올렸다고 가정해보자. 주식에 관해 잘 모르는 사람들은 이렇게 생각하기 쉽다.

'이렇게 돈을 많이 벌었으니 주가가 오르겠지.'

하지만 주식시장은 6개월 후를 봐야 한다. 만약 이 회사가 코로나 진단키트를 생산하는데, 코로나 팬데믹으로 매출이 엄청나게 올랐다면? 6개월 후에도 매출이 오를까. 조만간에 백신 개발이 완료되면 진단키트의 수요가 떨어질지도 모른다. 그러니 지금보다 매출이 더 오르기는 힘들 것이다. 따라서 앞으로 있을지도 모르는 6개월간의 매출 하락분을 지금의 주가에 미리 반영해야 한다. 이로 인해 주가는 더 내려갈 것이다.

반대로 수백 억대의 매출 하락으로 난관에 봉착한 항공사가 있다. 코로나 확산으로 여행 수요가 바닥을 찍었다. 하지만 백신 개발이 완료될 것으로 예측되는 6개월 뒤에는 여행 수요가 늘어날 수도 있다. 이에 따라 주가는 오르게 된다.

이처럼 주식시장은 6개월 후의 미래를 반영하는데, 많은 초보 사업가들은 6개월 뒤의 회사 상황을 구체적으로 그리지 않는다. 게다가 사업 초기에 회사가 어려움을 극복하고 매출이 늘어나는 단계일수록 지금까지 해왔던 일들이 제대로 된 것이었는지를 의심해보기 어렵다. 그것은 마치 잘나가는 사업에 찬물을 끼얹고, 샤머니즘적으로 말하면 '부정 타는', '재수 없는' 생각처럼 여겨지기도 한다.

이런 착각이 가장 위험하다. 이런 때일수록 사업가는 반드시 두 손에 집중해야 한다.

- 내 손에는 무슨 기술이 있는가?
- 내가 하는 이 사업은 내 손에 맞는 일인가?
- 어려운 상황에서 손을 내밀면 기꺼이 자기 손을 보태줄 사람이 한 명이라도 있는가?
- 지금 하는 사업과 다른 프로젝트를 직접 해본다면 내 두 손으로 어떤 것을 할 수 있을까?

지금 하는 사업은 당신의 손과 전혀 무관한 것일 수도 있다.

전국에 1,000개가 넘는 매장을 운영하는 더본코리아 백종원 대표는 사업과 관련해 이런 이야기를 한다.

"제가 생각했던 사업은 외식업이 결코 아니었어요. 그땐 식당 일이 부끄러운 일이라고 생각하는 사람들이 많았죠. 저 역시도 사업이란 모름지기 건설업이나

수입업처럼 규모가 큰 업종을 말하는 거였어요. 그땐 다들 그것만 진짜 사업이라고 생각했어요."

그는 연세대 재학 중에 호프집을 운영했을 정도로 외식 사업에 재능이 있었다. 식당을 운영하면서 분명 자신의 재능을 발견했는데도 이를 여러 능력 중 하나로 생각한 것 같다. 이후 호프집에서 번 돈을 주식투자로 몽땅 날렸다. 그러고는 도망치듯 군에 입대했다. 군대에서 그는 자신의 재능을 발견했다. 포병장교로 입대했지만, 취사 담당 선임하사와 업무를 바꿨다. 음식을 맛보고 연구하는 것이 좋았기 때문이다. 그러면서도 해야 할 일이 요식업이라고 인정하지 않았다.

군 제대 후 백종원은 논현동에서 건설자재 수입업을 시작했다. 자신의 무역회사 옆에 '원조 쌈밥집'을 열기도 했다. 이것이 요식업을 시작하게 된 계기였을까? 아니다. 회사 직원 월급에 보태려고 했을 뿐 밥장사를 하겠다는 생각은 아니었다. 그 당시 그에게 사업이란 무역, 건설업처럼 많은 자본과 인력을 투입해 큰 성과를 이뤄내는 것이었다.

1990년대 건설 경기는 호황이었다. 백종원은 과감하게 사업 규모를 키워나갔다. 1994년에는 목조 주택으로 눈을 돌려 시공사를 차렸다. 당시 서른 살이었던 그가 얼마나 자신감에 차 있었는지는 1996년 매일경제신문 기사를 보면 짐작할 수 있다. 그는 목조 주택의 노하우를 강조하며, 시장 선두주자라는 자신감을 드러냈다. 그러나 건설 사업은 예상과 달리 휘청거리기 시작했고, 불과 1년 뒤인 1997년 12월 외환위기를 맞아 쫄딱 망했다. 해외 수입에 100% 의존하던 목조 자잿값이 폭등했고, 이미 지어주기로 계약한 집의 수지를 맞출 수 없었기 때문이다. 이때 그가 입은 손해액은 17억 원에 달했다. 순식간에 막대한 채무를 짊어진 백종원은 어떻게든 빚을 갚겠다며 채권자들을 설득했다. 그때 인테리어 회사 옆에 쌈밥집이 있었고, 가게 운영을 잘해서 어떻게든 빚을 갚기로 했다. 그는 하루 4시간만 자면서 쌈밥집을 운영했다. 그는 이 경험을 통해 자신이 얼마나 요식업에 적합한 사람인지를 깨달았다.

"제가 인테리어 자재 무역업을 할 때, 회사에서 사업 얘기를 거의 안 했어요. 직원들에게 '오늘 점심은 뭐 먹을까?' '뭐가 요즘 맛있더라' 같은 얘기만 했죠. 직원들이 보기에 사장이라는 놈이 그랬으니 얼마나 한심했겠어요. 저도 제가 얼마나 음식을 좋아하고 파고드는 사람인지 몰랐는데, 외식업을 본격적으로 하면서 알게 된 거죠."

요식업에 대한 관점은 더본코리아 홈페이지에 적혀있는 그의 글에도 명확히 드러난다.

저를 처음 만나는 사람들은 저와 요리를 연관 지어 생각하지 않습니다. 외식업을 하는 경영인으로 대우할 뿐, 직접 요리하고 메뉴까지 개발한다고는 생각하지 않습니다. 하지만 저는 주방장이자 경영인입니다. 주방장으로만 불리기도, 경영인으로만 불리기도 원치 않으며, '음식 탐구가'로 불리기를 원합니다.

음식에 대한 끊임없는 관심과 탐구를 목표로 삼는 사람, 음식에 있어서만큼은 누구보다도 더 많은 걸 알고 싶어 하는 사람 '백종원'. 그것이 지금의 저이고, 앞으로도 바라는 저의 모습입니다.

지금까지도 저는 고객들의 행복한 표정을 그리며 머릿속으로 수십 개의 식당을 세웠다가 허물기를 반복합니다. 어떤 음식을 선보일까, 어떤 콘셉트를 고객들이 좋아할까, 이런 고민을 하는 것이 즐겁습니다. 여태껏 선보인 브랜드보다 앞으로 펼쳐질 브랜드가 많기에 오늘도 저는 맛있는 고민을 합니다.

맛에 기본을 둔 브랜드! 더본의 앞날을 기대하셔도 좋습니다.

만약 당신이 회사 홈페이지에 대표로서 본인을 소개한다면 어떤 내용의 글을 쓸 것인가? 과연 백종원 대표와 같은 글을 쓸 수 있겠는가?

지금 당신의 손을 보라.

사업가의 손은 사업가 자신을 비추는 거울이다.

- 2장 -

부자 사업가의 '칼'

사업에서 필요한 것만 남기는 도구

칼이란 필요 없는 것을 덜어내어
가치를 더하는 조리 도구다.

- 무명의 요리사

07 필요 없는 재료부터 칼로 잘라내라

우리는 사업하려면 새로운 아이디어나 발상이 필요하다고 말한다. 과연 그럴까? 성공한 사업가가 생각한 것이 새로운 아이디어나 발상이었을까?

조금만 조사해본다면 다른 누군가가 이미 생각했고, 시도했다가 실패한 것일 가능성이 매우 크다. 사업 아이템은 세상에 없는 새로운 것이 아니다.

사업은 요리와 비슷하다. 이미 자연에 있는 재료들을 가져와 끓이고, 볶고, 삶는 방식으로 요리한다. 다만 그 재료들이 어떤 요리사의 손에서 만들어지느냐에 따라 전혀 다른 결과물이 나온다.

우선 사업가가 시작해야 할 일은 시장에 널려있는 재료를 구하고 그것을 다듬는 것이다. 요리의 기초는 재료 손질이다.

이때 필요한 도구가 있다. 바로 '칼'이다. 모든 스포츠 경기에서 달리기가 기본이듯, 요리를 잘하려면 칼을 능수능란하게 다룰 줄 알아야 한다.

초보 요리사는 재료를 칼로 어떻게 잘라야 하는지 모른다. 무엇을 남겨야 하고 버려야 하는지 감이 오지 않는다. 초보자일수록 일단 칼을 손에 쥐고 싹둑싹둑 자른다. 기술이 부족하니 손을 베이는 사고로 이어지기도 한다. 때로는 자기 손을 다치는 것뿐만 아니라, 다른 사람까지 다치게 할 수도 있다. 노련한 셰프가 초보자에게 곧바로 칼을 잡게 하지 않는 것에는 다 그만한 이유가 있다.

칼을 들어 재료를 자르고 써는 일은 쉬워 보인다. 남들도 다 하는데 이 정도야 식은 죽 먹기라고 생각할 수도 있다. 사업가도 이런 오류를 범한다.

사업을 시작할 때 가장 큰 적은 자의식과 자의적 판단이다.

'나한테 끝내주는 사업 아이템이 있는데, 이렇게 하면 될 것 같아.'

이 생각에 무슨 근거가 있는가? 그저 추측이다. 이런 생각부터 날카로운 칼로 잘라내야 한다. 다듬어야 할 요리 재료는 정해져 있다. 만들어야 할 요리 역시 정해져 있다. 이를 어떻게 만들어내느냐에 따라 차별점이 생긴다.

08   사업은 자기를 깎아
요리에 넣는 것

공중파 채널에서 두 형제가 각기 다른 두부 가게를 하는 다큐멘터리를 본 적이 있다. 머리가 짧고 골격이 커서 얼핏 보면 조폭처럼 생긴 형은 프랜차이즈 두부 가게를 한다. 사람들의 눈길을 한눈에 사로잡는 엄청난 크기의 모형 맷돌을 가게 입구에 세워놓았다. 이 모형 맷돌은 전기로 돌아간다. 한 달 전기세로 몇백만 원을 지출한다. 기계로 두부를 만드는 그의 가게에는 손님들이 꽉꽉 들어찰 정도로 장사가 잘된다.

반면 동생은 성마르고, 신경질적으로 보이는 인상이다. 작은 시장의 허름한 가게에서 두부를 판다. 그는 콩을 삶는 것부터 시작해서 전 과정을 손으로 한다. 이른바 손두부를 고집하고 있다.

어떤 방법이 더 나은지를 논하지는 않겠다. 누가 사업을 제대로 하고 있는지를 따지고 싶지도 않다. 내가 하고 싶은 이야기의 주제는 사업을 잘하기 위한 '약간의 현명함'에 관한 것이다. 이런 관점에서 조심스럽게 돋보기를 들어 동생의 사업을 자세히 관찰했다.

일단, 동생 두부 가게의 '수제'에 주목했다. 기계가 아닌 손두부로 사업을 한다고 접근법 자체가 잘못된 것은 아니다. 하지만 그가 파는 것이 서민의 음식인 '두부'라는 점이다. 그것을 '일반 시장'에서 '일반 소비자'에게 팔겠다고 고집을 부리고 있으니 현명하지 못하다.

일본에는 달걀초밥의 달걀을 손수 만드는 오래된 고급 일식집들이 여럿 있다. 이 달걀은 8년 경력의 초밥 요리사가 만들어도 1시간 이상 걸리는 매우 복잡한 공정을 거친다. 당연히 기성품을 사용한 달걀초밥에서는 맛볼 수 없는 특별함을 제공한다.

비싼 돈을 내고 초밥을 사 먹는 사람들은 입맛이 예민한 동시에 경제력이 있다. 그들은 비싼 달걀초밥에 기꺼이 높은 비용을 낸다.

일본에서 유명한 달걀초밥

이는 '희소성'과도 연결된다. 희소성은 금이나 송로버섯(트러플) 같은 것에만 있는 것이 아니다. **아주 흔한 음식 재료인 달걀도 어떻게 만들어 누구에게 파느냐에 따라 그 가치는 완전히 달라질 수 있다.**

이런 이야기를 수제 두부 가게를 하는 동생에게 해주어도 그는 고집을 꺾지 않을 것이다. 왜냐하면 요리는 자연에서 재료를 구하는 것에서부터 시작되지만, 사업은 자신에게서 재료를 가져오는 것에서부터 시작되기 때문이다. 즉, 사업(事業)은 사업(社業, 회사일)인 동시에 사업(私業[1], 개인이 짊어진 업보)이다. 사람은 복잡한 감정을 가졌기에 사업(事業)을 할 때 감정적 끌림을 완전히 배제할 수 없다. 다만 감정을 자제하고 절제하는 것뿐이다.

사업 방향이 잘못되었다면 이를 얼마든지 개선할 수 있다. 하지만, 잘못된 고집(대부분은 '내가 틀리지 않았다고 인정받고 싶은 고집'이다)으로, 오직 사감(私感)만으로 장사하거나 회사를 운영할 때는 답이 없다.

〈백종원의 골목식당〉을 시청하다 보면, 이른바 막장 가게의 주인들은 한 사람도 예외 없이 말도 안 되는 고집을 부린다. 자기가 틀리지 않았다고 인정받고 싶은 심리라고 보면 쉽게 이해할 수 있다. 사업이 실패하고 있다는 것을 인정하기도 어렵지만, 자기가 실패자라는 것을 인정

---

1 사전에 없는 단어를 필자가 만들었다.

하기는 더욱 어렵다.

사업을 본질적인 틀에서 보면, 연 100억을 버는 사업이나 연 1억을 버는 사업이나 크게 다를 게 없다. 돈과 인력이 알아서 계속 굴러가게 만드는 시스템이 모든 **사업의 기본 목표다.** 사업가의 자기 제어 능력이 사업 운영의 핵심이라는 점에서 더더욱 그렇다.

우리나라에는 많은 삼겹살집이 있다. 그중에 장사가 잘되는 가게가 있고 망하는 가게가 있다. 삼겹살집의 성공을 가늠하는 가장 큰 재료는 무엇인가?

사업을 운영하는 사람의 태도가 가장 중요한 재료다. 사업가는 '자기 자신'을 깎아서 사업이라는 이름의 요리에 넣는다. 그러니 사업가는 항상 자신에게 냉정해야 한다. 자기 자신은 변질할 가능성이 큰 재료이면서, 유통기한이 별도 표기되어 있지 않은 재료이기 때문이다.

09 사업가는 도전하지만,
자신의 한계를
명확히 규정한다

사업가의 피를 타고나는 사람이 있을까?

27년간 기업가 정신과 창업 과정을 연구해온 영국 애스턴대학 폴 레이놀즈 교수는 이렇게 말한다.

"빌 게이츠와 같은 성공한 기업가들이 보통 사람과 별로 다르지 않다는 사실을 발견했다. 그들이 건강하고 보통 사람들보다 조금 더 똑똑한 것 이외에는 어떤 특별한 공통점도 찾을 수 없었다."

과연 그럴까? 특별한 사람은 유별난 뭔가가 있다.

다큐멘터리 〈인사이드 빌 게이츠〉를 보면, 빌 게이츠는 분명 보통 사람들보다 유별나게 똑똑하다. 그는 8학년 때 주에서 주최한 수학 경시대회에 나가 상위 학년(12학년까지)들을 모두 제치고 1등을 차지했다. 지금도 각종 전문 서적들을 1시간에 150페이지씩 읽는다. 하루에 수많은 회의와 일정을 분까지 딱 맞춰서 정확히 지킨다. 빌 게이츠를 보면 사업가는 타고나는 것이 아닐까 하는 생각이 든다.

누구나 사업을 할 수 있지만, 사업가가 되는 것은 또 다른 문제다. 누구나 회사에 다닐 수 있지만, 회사원이 되는 것은 다른 문제이듯이. 그래서 우리는 항상 고민한다. 내가 찾는 것이 직장인지 아니면 직업인지.

일단 회사에 들어가 보면 자신의 능력을 쉽게 알 수 있다. 직장 동료 혹은 상사가 내 업무 성과를 평가하기 때문이다. 사업은 하고 싶지만 아무나 사업하는 건 아니라는 것을 실감한다.

내 인척 중에는 나이가 64세이고, 자녀 둘을 다 키우신 분이 있다. 은행빚 없이 빌라 4채를 소유했지만, 백화점에서 청소일을 하신다. 왜 그런 일을 하시냐고 물으니 집에서 빈둥빈둥 놀고 쉬는 것보다 일하고 돈을 버는 게 좋다고 하신다. 이분도 노동해서 돈을 버는 것을 좋아하지만 사업을 꿈꾸지는 않는다.

하고 싶은 사업과 나를 맞춰보기는 쉽지 않다. 만약 당신이 올해 1억을 벌었다고 가정하자. 당신은 '사업가의 피'를 타고난 것일까? 반대로 당신이 올해 1억의 손해를 입었다고 가정하자. 당신에겐 '사업가의 피'가 없는 걸까?

사업이란 돈을 버는 것이 목적이니 매출이 전부이고, 결과가 전부일 것 같지만 그렇지 않다. 사업가에게 중요한 자산은 사업하는 과정에서 얻은 경험이다. 우리 몸의 피가 계속 순환하여 생명이 유지되는 것처럼, 사업이란 계속해서 일을 도모해야 한다. 1년간 피가 돌고 다음 해에는 피가 멈춘다면 그건 시한부 사업이다. 1년간 돈을 벌고 다음 해에는 고스란히 적자를 떠안는 사업에 알고도 뛰어든다면 그건 사업이 아니라 '도박'이다. 그 사람은 사업가가 아니라 '바보'이거나 '먹튀'일 뿐이다.

이런 관점에서 나는 사업가의 기준을 '많은 돈을 버는 사람'으로 보지 않는다. 사업가는 큰 그림을 그리고, 매달 100만 원을 벌 수 있는 일(혹은 비용을 절감할 수 있는 일)이 있다면 이를 절대로 포기하지 않고 사업화하는 사람이다. 이런 사업가의 생각은 무엇에서 비롯될까? 사업가는 자신이 얼마나 냉정하고, 객관적이고, 끈질긴지 자기 내면을 들여다본다.

많은 자기계발서가 '당신도 쉽게 사업할 수 있다.'라고 말하지만, 실제로는 그렇지 않다. 이렇게 수박 겉핥기식으로 사업을 미화하는 저자들을 보면 정말로 사업을 제대로 해보긴 했을까 하는 의문이 든다.

사업은 누구나 할 수 있지만, 사업을 한다고 해서 곧바로 '사업가'가 되는 것은 아니다. 글을 쓴다고 누구나 '작가'가 되는 게 아니듯이 말이다. 글을 쓰기 위해서는 작가의 내면이 중요하듯, 사업가 역시 사업가로서 갖춰야 할 내면이 있다.

또한 자기계발서 저자들은 사업가에게 '폭넓게' 보라고 주문한다. 과연 그런가? 내 경험의 한계일 수 있겠지만, 내가 알고 곁에서 지켜본 뛰어난 사업가들은 하나같이 자기가 하지 않을 일에는 완전히 무관심했다. 얼핏 보면 시야가 굉장히 좁아 보이기도 했다. 하지만 이는 편협한 것이 아니다. 자기가 하는 일에 깊이 빠져서 그것에 집중하다 보니 그럴 수밖에 없다. 사업가는 넓게 보는 사람이 아니라, 깊게 보는 사람이다.

사업가는 도전하지만, 누구보다 자신의 한계를 명확히 규정할 줄 아는 사람이다. 내가 해야 할 일과 하지 말아야 할 일을 칼같이 구분한다. 사업가는 많은 일을 하지만, 멀티플레이어가 아니다. 한 번에 다양한 일을 하는 것처럼 보일 뿐, 그가 하는 모든 것들은 자신이 추구하는 사업 영역 내의 일이다.

10 스페셜라이즈드의 성공, '혁신이 아니면 죽음'

사업가의 기질을 갖춘 사람들에겐 문제를 해결하겠다는 강한 집착이 있다. 보통 사람들은 문제 해결을 위해 상식에 의존하지만, 사업가들은 상식뿐만 아니라 상상력을 동원한다. **아무도 주목하지 않은 시장에서 성공을 거둔 사업가들은 모두 상상력이 풍부하다.**

세계 최초로 MTB(산악자전거)를 대중화한 회사는 스페셜라이즈드 (Specialized)이다. 이 회사의 설립자 마이크 신야드(Mike Sinyard)는 1950년대 미국에서 자전거가 대중화되지 않았을 때, 기계공이었던 아버지의 영향으로 자전거를 배웠다. 그는 아버지와 함께 플리 마켓에서 중고 자전거를 사 와서 깔끔하게 페인트칠을 해 다시 판매했다.

1974년, 대학을 졸업한 마이크는 자전거를 만들어서 파는 일을 하고 싶었다. 하지만 당시 미국에는 자전거 시장이 활성화하지 않았고, 누구보다 자전거에 진심이었던 그를 만족시킬 만한 좋은 품질의 부품을 구할 수 없었다. 그는 자신의 유일한 재산이자 영업용 차량이었던 폭스바겐 미니버스를 팔았다. 그 돈으로 유럽을 자전거로 여행하면서 유럽의 자전거 판매장을 직접 둘러보았다. 그 여정에서 이탈리아의 자전거 부품제작자로 명성이 높았던 치노 치넬리를 만났다. 그리고 부품 수입 허락을 받아냈다.

이때 그의 수중에는 170만 원이 전부였다. 이 돈으로 부품을 사고 나니 영업용 차량을 살 여력이 없었다. 어쩔 수 없이 수입 물품이 들어오면 공항 세관까지 자전거로 달려가서 자신이 직접 제작한 트레일러에 부품을 싣고 회사로 돌아왔다. 무려 220㎞를 왕복하는 거리였다. 마이크는 이런 어려움을 헤쳐나가며 사업을 이어갔다.

그러던 중 일부 마니아들의 전유물이었던 MTB에 관심이 쏠렸다. 당시 MTB는 소수의 자전거 제작자들이 로드 자전거(포장된 도로를 달리는 용도의 자전거)를 개조하여 수제작했기 때문에 값이 수천 달러에 달했다. 마이크는 이 시장이 활짝 열릴 수 있다고 판단했다. MTB를 대량 생산하여 대중화할 생각을 했다.

이후 마이크는 자전거 디자이너 팀 니난(Tim Neenan)을 영입해 세계 최초의 양산형 MTB 스텀점퍼(Stump jumper)를 만들었다. 이 제품은 출시되자마자 엄청난 인기를 얻으며 날개 돋친 듯 팔려나갔다.

스페셜라이즈드는 프로 사이클 선수를 후원하고 그들과 협업하면서 각종 사이클 대회를 휩쓸었다. 이러한 마케팅은 소비자들에게 '스페셜라이즈드 자전거는 세계 대회 챔피언이 탄다.'라는 인식을 심어주는 데 충분했다.

사업가의 상상력은 늘 미래를 향해 열려 있다. 자전거 부품을 운반할 자동차 한 대를 살 돈이 없어서 세관까지 자전거를 타고 가서 물건을 실어 나르는 순간에도 '세계 대회 챔피언이 타는 내 회사의 자전거'를 그리는 힘이 곧 사업적 상상력이다. 만약 마이크가 평범한 장사꾼이었다면, MTB 시장은 다른 사업가에 의해 개척되고 그는 작은 자전거 점포 사장에 머물렀을지도 모른다.

현재 스페셜라이즈드는 '에스웍스 타막(S-works Tarmac)'이라는 브랜드로 고가의 자전거를 판매하고 있다. 자전거 한 대의 가격이 무려 1,000만 원이 넘는다. 고가인데도 자전거 동호인이라면 누구나 한 번쯤 타보고 싶어 하는 '자전거계의 벤츠'다. 참고로, **이 회사의 미션은 '혁신이 아니면 죽음(Innovate or die)'이다.**

스페셜라이즈드의 성공사례에서 보듯, 역설적으로 희소한 생각, 희소한 아이디어, 희소한 전략이 소비자들을 끌어들이고, 유사 제품 혹은 서비스와의 차별성을 만든다.

그렇다면 사업가가 희소성을 찾아내거나 만들어내기 위해서는 무엇이 필요한가?

최선을 다해 도전하는 것은 기본이다. 사업가가 되겠다고 마음먹었다면, 당신만의 독특하고 희소한 방법으로 비즈니스 환경을 만들어가는 '희소한 관점의 사업가'가 되어야 한다. 대체 불가능한 희소한 존재가 된다면, 돈과 성공은 그림자처럼 자연스럽게 따라온다.

이러한 성공 방식은 극소수의 사업가들만 가능한 것이 아니다. 이미 많은 성공한 사업가들이 이렇게 사업을 하고 있다. 다만 그것을 명확히 '희소성'이라고 정의하여 부르지 않을 뿐이다.

11 사업은 뭔가를 더하는 것이 아니라 불필요한 것을 빼내는 것

희소한 것, 좋아 보이는 것에는 한 가지 공통점이 있다. 그것은 꼭 필요한 것만 있다는 것이다. 군더더기가 없다. 복잡하거나 당장 필요하지 않은 기능은 제거하거나 눈에 띄지 않게 숨겨져 있다.

사업화란 없는 것을 새로 만들고 덧붙이는 것이 아니다. 이미 있는 재료에서 불필요한 것을 제거했다는 의미다.

요리를 못하는 사람들의 공통적인 특징이 있다. 계속해서 뭔가를 집어넣는다. 싱거우면 소금을 넣는다. 뭔가 맛이 부족하면 재료를 집어넣는다. 요리는 갈수록 엉망진창이 된다. 반면 요리를 잘하는 사람들은 몇 가지 단순한 재료만으로도 맛있는 요리를 만든다.

조셉 앨버스(Josef Albers)는 "컬러는 요리와 같다. 요리사는 소금을 더 넣거나 덜 넣는 것, 그게 차이점이다."라고 말했다.

사업도 마찬가지다. 우리는 흔히 계속해서 뭔가를 덧붙이면서 개선해나가는 것이 사업이라고 생각한다. 과거에는 그랬을지 몰라도 이제는 그렇지 않다. **제조업이 중심이었던 시대에는 이런 '덧셈 사고'가 통했다. 하지만 서비스 산업이 중심이 된 오늘날에는 '뺄셈 사고'가 더 필요하다.** 이는 공공사업에서도 예외가 아니다.

열차표를 사지 않고 부정 승차하는 사람들이 많다면 어떻게 해야 할까?

부정 승차를 막기 위해 개찰구에 CCTV를 더 많이 설치하고, 더 많은 인력을 보강하고, 자동검표기를 도입할 수 있다. 이른바 '덧셈 사고'다. 실제로 2004년 KTX는 승차권을 투입하면 칸막이가 열리면서 승객이 통과하는 자동검표기를 도입했다. 이 자동검표기는 대당 2,000만 원이나 하는 고가의 장비였다. 서울역에 27대를 포함해 전국 17개 역에 262대를 설치하는데 60억 원이 들었다. 하지만 불과 4년 뒤인 2008년, KTX는 이 장비들을 모두 폐기하는 결정을 내렸다. 자동검표기가 승객이 몰릴 때 먹통 현상을 보이는 데다가, 장기적으로 이를 관리하는 데들어가는 비용 역시 엄청났기 때문이다.

대신 KTX는 차장에게 사용이 간편한 핸디 단말기를 제공하고 모든 역의 개찰구를 폐지했다. 차장은 단말기를 통해서 어느 좌석이 빈자리인지 파악하고, 역과 역 사이의 구간이 길어서 부정 승차를 확인하면 주행 중 열차에서 단속할 수 있다.

반면, 일본 신칸센 역에 설치된 개찰구는 KTX와 비교해 대조적이다. 신칸센 개찰구는 같은 시간 내에 승차권을 가장 많이 읽어내며, 승차권을 한 장씩 넣지 않고 4장을 한꺼번에 넣을 수 있다. 가로, 세로 어떤 방향으로든지 아무렇게나 넣어도, 사람이 개찰구를 빠져나가기 전에 승차권에 담긴 정보를 읽어낸다. 문제는 이 개찰구의 가격이다. 이 기계 한 대가 1억 원이나 한다. 일본의 북쪽 끝 홋카이도에서 남쪽 끝 가고시마까지 설치돼 있는 개찰구의 수는 어마어마하다. 유지·보수 비용은 설치 비용의 30% 정도이니 관리 비용도 엄청나다. 게다가 개찰구를 지키는 인력도 필요하다. 당연히 KTX보다 신칸센의 이용료가 비쌀 수밖에 없다.

이런 문제는 철도에만 국한된 이야기가 아니다. 당신이 사업가라면 분명 비슷한 문제를 겪게 될 것이다. 어느 순간 기존의 업무수행 방식으로는 처리할 수 없는 일들이 생겨난다. 업무 프로세스 전체를 바꿔야 하는 결단이 필요한 일도 벌어진다.

이때 칼을 사용해야 한다. 뭔가를 뺀다는 것은 더하는 것 이상의 위험성이 발생할 수 있다. 하지만 앞날을 생각했을 때 그것이 맞는 것이라면, 사업가는 이를 적용할 방법을 반드시 찾아내야만 한다.

12 칼을 쓸 때 지켜야 할 3가지 원칙

칼을 능수능란하게 다뤄야 한다. 초보 사업가는 능숙하게 칼을 쓰기 위해서 반드시 3가지 원칙을 지켜야 한다.

❶ 칼을 잘 갈아둔다: 실패에 대비한다

뻔한 이야기 같지만, 큰 성공을 이룬 사업가 중 열에 아홉은 많은 실패를 거듭한 끝에 진화한 사람들이다. 마이클 배트닉의 《투자 대가들의 위대한 오답 노트》라는 책에는 우리가 익히 아는 유명한 투자가들이 어떤 실패를 겪었는지 잘 나와 있다. 이런 실패사례를 보며 이렇게 생각하기 쉽다.

'나는 이렇게 실수하지 말아야지.'

실패사례를 꼼꼼히 살펴봐야 하는 이유는 반드시 당신도 겪을 수밖에 없는 실패의 충격을 조금이나마 줄이고 대비해야 하기 때문이다. 사업은 반드시 어려움을 동반하고, 지옥과도 같은 고통 속으로 몰아갈 것이다.

당신이 '사업을 하겠다고 마음먹었다'라는 것은, 이렇게 고쳐 적어야만 한다. '실패를 감수하겠다. 그런데도 살아남아 진화하겠다고 마음먹었다.'

단 한 번도 칼에 베이지 않고 셰프의 자리에 올라선 사람은 단 한 명도 없다. 칼을 잘 갈아두는 것은 재료를 잘 다듬기 위한 이유도 있지만, 칼이 날카롭지 않으면 다쳤을 때 상처가 깨끗하게 낫지 않고, 낫는 데도 시간이 오래 걸린다는 이유도 있다. 칼은 날카로울수록 좋다.

❷ 칼은 하나만 산다: 작은 상품, 소규모 사업에서 시작한다

인터넷 쇼핑몰에서 칼을 검색해보면 다섯 자루에 한 세트 혹은 그 이상으로 묶어서 파는 것을 쉽게 볼 수 있다. 요리를 막 시작한 사람이 이 칼을 모두 활용할까? 중식도 칼 한 자루 정도면 충분할 것이다. 중식도는 두껍고 무식해 보이지만 칼질법이 100여 가지나 되는 만능에 가까운 다목적 칼이다.

사업도 비슷하다. 이제 막 사업을 하기로 마음먹었다면, 수십 가지의 칼을 자유자재로 다루는 능력을 갖췄다 해도 일단은 누구도 주목하지 않는 작은 사업에서 시작해야 한다.

소프트뱅크그룹의 손정의 회장을 지금의 세계적 투자자로 이끈 가장

결정적인 상품은 'NCC BOX'라는 아주 작은 물건이었다. 당시 일본의 시외전화 서비스는 지역과 회사마다 요금이 천차만별이었다. 저렴한 회선을 찾으려면 일일이 번호를 눌러줘야만 했다. 손정의는 자동으로 가장 싼 통신사의 회선을 찾아주는 시스템 'NCC BOX'를 개발했다. 이후 이것을 중소기업에 무료로 나눠주고 대신 통신사에서 로열티를 받는 방식을 택했다.

이 제품을 개발하기 전 소프트뱅크는 10억 엔의 빚과 직원 20명의 동시 사표로 망하기 직전이었다. 손정의는 이 작은 상자 하나를 개발하여 회사 빚을 모두 갚고 10억 엔의 로열티도 확보했다. 이 제품이 없었다면 지금의 소프트뱅크는 존재하지 않았을지도 모른다.

소프트뱅크의 사례에서 알 수 있듯, **사업의 기회는 불편함을 잘라내고 새로운 경험을 만드는 것에서 나온다.** 최근 플랫폼 산업들의 비약적인 발전도

무관하지 않다. 은행 거래의 불편함, 택시를 잡는 불편함을 해결해주었다. 사업가와 소비자를 구분 짓는 차이는 여기서 나온다. 소비자는 불편하다고 불평하는 것에서 그친다. 반면 사업가는 이를 수익으로 연결지을 방법을 고민한다. 그리고 확신이 들면 결단하고 과감히 칼을 꺼내든다.

❸ 칼을 뽑았으면 칼을 써라: 망설이지 않는다

모든 식자재에는 유통기한이 있다. '나의 가치'에도 보이지 않는 유통기한이 있다. 그러니 칼을 뽑아들 기회가 생겼다면 망설이지 말아야 한다.

내 이야기를 하자면, 젊은 나이에 국회에서 보좌관 일을 했고, 그 경력으로 대기업 생활을 했다. 고위 공무원이나 대기업 관리자의 책무를 잘하긴 했으나 전혀 행복하지 않았다. 공무원이나 회사원은 '평균의 함정'을 알면서 가는 것이란 생각을 했다. 크게 부족하지 않은 삶, 그렇다고 크게 행복하지도 않은 삶이었다. 공무원은 국가가, 회사원은 회사가 나의 삶을 결정한다. 휴무, 진급, 퇴직 등이 예정되고 결정되어 있다.

나의 가치가 이렇게 짜인 틀에 맞춰 사라질지도 모른다는 두려움을 안고 있었다. '안정적인 삶'이 '나의 가치 발견'에 대한 목마름을 없애주지 못했다. 사업을 해야만 되겠다고 생각했다. 나 스스로 칼을 갈고 불을 피워 살아남겠다고 마음먹었다.

사업 분야는 헬스케어 쪽으로 방향을 잡았다. 이제 막 시작하는 병원을 찾아다녔고, 의정부의 한 병원에서 일할 기회를 잡았다. 망설인다면 아무것도 배울 수 없다고 생각했다. 나 스스로 무 한 조각, 두부 한 모라도 썰어보면 분명히 새롭게 배우는 것이 있기 때문이다.

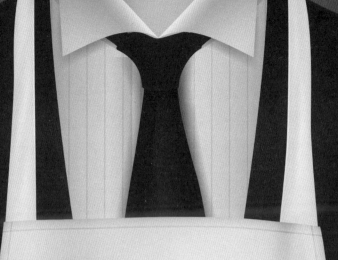

- 3장 -

부자 사업가의 '불'
사업을 일으키는 도구

평범한 경영자는 지시한다.
좋은 경영자는 설명한다.
뛰어난 경영자는 모범이 된다.
위대한 경영자는 직원들의 마음에 불을 붙인다.

- 이타미 히로유키(일본 경영학계의 거두)

13 사업가의 불은 '비전'의 부싯돌에서 나온다

 초보 사업가가 무인도에 떨어졌다. 가진 것이라곤 칼, 부싯돌, 나무가 전부다. 사업가가 가장 먼저 해야 할 것은 무엇인가?

집짓기? 불 피우기? 아니다. 살아남아야만 하는 이유를 정해야 한다. 우리는 이것을 '비전'이라고 표현한다. 우리 회사의 비전은 무엇인가? 비전에 대해 고민하지 않는 사람들이 의외로 많다.

비전의 어원은 라틴어로 '본다'라는 뜻인 '위디오(Video)'에서 왔다. 중세 유럽인들은 하느님 또는 성모 마리아 같은 성인들이 꿈속에 나타나 앞으로 해야 할 일을 보여준다고 믿었다. 비전을 이러한 의미로 사용했다.

우리 언어로 풀어서 말하자면, 비전(Vision)은 천명(天命)이고, 미션(Mission)은 사명(使命)이다. 비전은 하늘에서 내려온 명령 같은 것이기에 어떤 경우에도 흔들리면 안 된다.

그런데 대부분의 초보 사업가들은 시장성이나 아이템 혹은 인적요소 같은 것들만 보고 비전이 있다, 없다를 말한다. 충분히 함께 논의할 멘토 한 명 없이, 막연히 사업을 시작하는 사업 초보자들이 겪을 수밖에 없는 문제이기도 하다.

사업가는 비전과 미션을 세우는 것에 고심을 거듭해야만 한다.

우리는 어떤 결과가 나올지 이미 알고 있다

비전을 세우는 것은 사업의 최종 향배를 결정짓는 '결론'을 내리는 것이기도 하다.

사업을 시작도 해보지 않고 어떻게 결론을 내릴 수 있을까?

그게 가능한가?

물론 가능하다. 우리의 뇌는 빠르게 복잡한 문제를 해결하는데 최적화되어 있다.

사업에 성공하기 위해서는 거쳐야 하는 수많은 복잡한 과정들이 있다. 이 과정들을 미리 생각하고, 마치 컴퓨터의 알고리즘처럼 움직일 수 있을까? 그럴 수 없다. 우리에게 주어진 시간은 한정적이다. 생물학적 에너지 역시 한정적이다. 따라서 사업이 어떻게 될지 결론부터 정해놓고, 결론에 맞춰서 해야 할 일을 정해야 한다. 이를 심리학에서는 '휴리스틱(Heuristic)'이라고 한다. 최종적으로 완성된 결과를 상정해두고 각자의 역할에 따라 롤&롤을 하는 것이다. 그런 다음 죽기 살기로 달려들면 어찌 됐든 사업은 갈 길을 찾아갈 수 있다.

하지만 '갈 길을 찾는' 순간이야말로 초기 기업들이 가장 큰 위협을 겪고 실패하기 쉬운 타이밍이기도 하다. 희망이 막 보이는 시점에서 성공의 문이 닫혀버릴 수도 있다. 왜 그럴까? 대부분은 사업 내면에 대한 인식이 부족했기 때문이다.

14 사회 문제 해결에 비전이 있다

카카오톡은 사업 초기에 한 푼의 수익도 없이 서버 투자로 매달 10억 원 이상의 돈을 사용했다. 특히 2010년 초반, 이동통신사의 문자 메신저는 별도의 통신비를 내야만 했다. 하지만 카카오톡은 이를 모두 무료로 제공했다. 이 과정에 120억 원의 자본이 투입되었고, 나중에는 회사 설립자인 김범수 의장의 개인 돈마저 거의 바닥을 드러냈다. 그야말로 자본 잠식 상태였다.

자, 당신이라면 이 상황에서 어떤 선택을 할 것인가?

카카오톡을 그대로 무료로 유지할 것인가?

아니면 유료로 전환할 것인가?

당시 김범수 의장은 카카오톡을 무료로 유지하는 쪽을 선택했다. 카카오의 비전은 단기간에 벌어들이는 돈이 아니라 SMS(단문 메시지 서비스) 시장 독점이었으니 올바른 결정을 내린 셈이다. 하지만 그 당시 많은 직원이 곧 망할 것으로 판단하고 회사를 떠났다. 이때 카카오톡 이용자 수는 1,000만 명에 육박했다. 그런데도 사장과 직원들 간의 사업 내면에 대한 인식에 큰 차이가 있었다.

만약 이 상황에서 추가 투자를 받지 못했더라면, 카카오톡을 유료화하겠다고 회사의 비전을 바꿨다면, 어떻게 되었을까? 카카오톡은 성공의 문턱을 바로 앞에 둔 상황에서 역사의 뒤안길로 사라진 여러 메신저의 전철을 밟았을 가능성이 매우 크다.

다시 한번 강조한다. 사업가는 먼저 비전을 정해야 한다. 사업 과정은 배를 운항하는 것과 같다. 파도를 맞으며 흔들릴 수는 있어도 목표한 항구에 도착하는 것을 잊어버리면 안 된다.

비전을 명확하게 정하기 위해서는 왜 돈을 벌어야 하는지, 사회에 어떻게 이바지할지를 생각해야 한다. 장차 어떤 분야로 나아가서, 어떤 사업가가 될 것인지 확신해야 한다. 흔들리지 않는 신념이 있다면 돈은 자연스럽게 벌고, 사람도 자연스럽게 붙기 마련이다.

물론, 누군가는 지금 이 이야기에 의문을 던질 수도 있다.

"카카오톡 김범수 의장은 이미 과거에 여러 사업에 성공하여 많은 자본금을 가지고 있던 사람이다. 그는 네이버에서 투자금을 끌어올 정도로 인맥도 넓은 사람인데, 나에게는 그만큼의 자본금도 없거니와 인맥도 없다. 한마디로 먹고살기 바쁘다. 그런데 사업가가 사회 문제 해결에 관심을 가져야 한다니, 사업가와 사회운동가를 구분하지 못하는 건 아닌가?"

그 생각을 충분히 이해한다. 그러나 '사회 문제 해결'을 거창한 것으로 생각할 필요는 없다.

《실리콘밸리를 그리다》라는 책에서는 '실리콘밸리에서 스타트업을 시작할 때는 이런 질문을 한다.'라는 내용이 담겨있다.

지금까지 살아오면서 겪었던 문제들을 하나씩 생각해보자.
그 문제들을 어떻게 해결할까?

이와 관련된 사례를 하나 소개하겠다.

과거에 우리는 지하철 노선을 모를 때 개찰구 근처에 있는 노선도를 보며 확인했다. 또는 무료로 나눠주는 종이 노선도를 가지고 다녔다. 스마트폰이 막 대중화되기 시작할 무렵, KAIST 학부생이 발 빠르게 안드로이드 스마트폰의 지하철 노선도 앱을 개발했다. 많은 사람이 '지하철 내비게이션'이라는 이 앱을 내려받아 사용했다. (뒤에 이야기하겠지만, 개발자는 이를 통해 소기의 성과를 거둔다.)

이처럼 우리 주변에는 드러나지 않는 분야에서 소리소문없이 작은 성공을 거둔 사람들이 많다. 그들은 김범수 의장처럼 어느 정도 성공한 사업가가 아니었다. 몇 년간 카카오톡 서버 비용을 감당할 만큼 돈이 많 았던 사람들이 절대로 아니다. 물려받은 재산도 변변치 않았다. 인맥도 보잘것없었다.

'지하철 내비게이션' 앱 개발자는 개인 사정으로 2년간 앱 업데이트 를 하지 못했다. 교통사고가 나서 개발자가 사망했다는 헛소문이 돌아 서 본인이 직접 이를 해명하는 글을 올리기도 했다. 그는 자신이 처음 만든 이 앱을 포기할 수 없었고, 계속해서 개발을 이어나갔다. 그리고 이 앱은 후일 카카오에 인수되어 '카카오 지하철'로 이름이 바뀌었다. 만 약 그가 자기가 하는 일에 최소한의 애정이나 책임감이 부족했다면 이 런 결과도 없었을 것이다.

'비전'은 일반인은 전혀 이해하지 못하고, 오직 사업가의 눈에만 보이 는 횃불 같은 것인지도 모른다. 엉뚱한 길로 들어서면 목적지를 이탈했 다며 경로를 다시 알려주는, 꺼지지 않는 내비게이션 같은 것일 수도 있 다. 때로는 정말 짜증이 나지만 따라갈 수밖에 없는 것이 '비전'이다.

15 사업에 어떻게 불을 붙였는가?

 나는 병원, 헬스케어 분야로 처음 사업의 발을 내디뎠다. 그때 비전은 '남을 돕는 사업'이었다. 가능한지는 알 수 없었다. 비전을 정했으니 이를 완수하기로 마음먹었다. 그렇게 해야 할 것 같았다.

큰불은 작은 불씨에서 시작된다. 큰 성공을 거두기 위해서는 작은 성공이 필요하다.

나는 '복지사업'을 꿈꾸었지만, 처음부터 이 사업이 환영받은 것은 아니었다. 사회복지는 누구에게나 환영받는 일이라고 생각하기 쉽지만 절대로 그렇지 않았다. 각자의 이해관계가 복잡하게 얽혀 있었다.

복지사업을 시작하겠다고 공표했을 때 이를 반대한 건 병원 원장이 아니었다. 실무진들의 반대를 무릅써야 했다. 병원 내 원무과와 행정과에서 복지사업을 극구 반대했다. 지극히 현실적인 이유 때문이었다.

복지사업은 가난한 사람들과 대면해야 하는 일이다. 그들의 대부분은 마음도 가난했다. 상처가 많았다. 그러다 보니 도움받는 것을 당연하게 여기고, 심지어 남들보다 더 혜택을 받기를 원하는 분들도 있었다. 게다가 이들의 치료비와 관련하여 발생하는 미수금의 처리는 행정 절차상 어려운 부분이었다.

'비움채움'이라는 이름으로 병원들을 모아서 사회공헌활동을 했다. 하지만 기대한 만큼의 성과가 나오지 않았다. 복지에 관해 저마다 생각하는 방식이 첨예하게 달랐다. 선별적 복지와 보편적 복지 간의 대립이 있었고, 자금 유치를 할 때도 기금과 후원자를 놓고 대립이 생겼다. 이대로는 문제를 해결할 수 없다는 판단이 섰다.

용단을 내려 수원으로 갔다. 정신과 쪽에서 복지사업을 2년간 운영했다. 보건복지부 인증 전문기관이었기에 복지사업을 시행하는 데는 법적인 문제가 없었다. 이곳에서 '정신건강 종합패키지'를 개발했다. 치매 검진 예방, 우울증, 알코올중독치료(약물 병행)를 한 번에 패키지로 제공하는 것이었다. 그리고 CJ 대한통운 실버 택배 사업과 연계하여 환자들의 사회복귀를 돕는 시스템을 만들었다. 이 시스템이 자리를 잡아가면서 미래에셋 등 타 업체에서도 복지 활동에 참여 의사를 밝혀왔다. 안과에서 목표한 복지사업을 실현하기 위해 정신과에서 성공사례를 만든 것이었고, 이 사업의 성공으로 수원에서 서울을 거쳐 경기 북부로 돌아올 수 있었다. 이 과정에 3년이라는 시간이 걸렸다.

그제야 비로소 원래 목표했던 안과 사업을 시작할 수 있었다. 정신과에서의 성공사례를 다양한 진료과목 사업으로 적용했다. '병원 복지 종합패키지'를 개발하여 12개 진료과목으로 확대했다. 앞서 이야기했던 원무과와 행정과에서의 문제는 병원 내 전산 앱 개발을 통해 해결했다. 병원 원무과와 행정과 직원들은 받은 태블릿으로 병원 내 재고 상황, 미수 금액 등을 실시간으로 보고하고 결정권자가 이를 쉽게 파악할 수 있게 했다.

나는 경기 북부 소재 안과에서 경영을 맡았다. 당시 안과 일은 의사 3명 외에 간호사, 안경사, 행정업무 직원을 포함해 총 15명이었다. 나는 안과가 설립된 후 6개월 뒤에 투입된 상황이었다. 주변 사람들은 '의사도 아닌 저 친구가 무슨 일을 하겠나?' 하며 의구심이 있었다. 병원장은 1년만 채워보고 아예 병원을 접을 생각이었다.

행정부원장 직위를 받고 1년 근로계약서를 작성했다. 말이 행정부원장이지 사실상 계약직 용병이나 다를 게 없었다. 물론 나에게는 의료 쪽이 향후 대한민국의 먹거리가 될 것이라는 강한 확신이 있었다. 의료계의 후방산업도 마찬가지였다.

무엇보다 내가 용병으로 처리해야 할 주목표는 '병원 경영'이었다. 무슨 사업을 하든 매출을 일으켜야만 내 생각이 어느 부분에서 맞고, 어느 부분에서 틀렸는지 제대로 배울 수 있다. 하지만 그 당시에는 나 말고는 이 일을 함께할 인원이 없었다. 광고 집행만 해도 문제였다. 오프라인 광고비용은 너무 비쌌다. 비싼 건 둘째치고 소기의 성과를 거두려면 너무 오래 걸릴 것이 분명했다. 라디오를 틀면 흘러나오는 "이카운트 ERP 4만 원." 혹은 "썬 연료가 좋더라." 하는 광고는 몇 년째 라디오에서 흘러나왔는지 기억도 나지 않는다. 그쯤 돼야 이 회사의 CM 송이 다수 고객의 머릿속에서 자동 재생되는 수준이 되고, 광고효과를 거뒀다고 할 것이다.

나에게 주어진 시간은 고작 1년이었다. 시간이 촉박했다. 책상머리에 가만히 앉아있지 않았다. 두 발로 뛰는 쪽을 선택했다. 갑의 위치에서 일하지 않으려 했다.

모든 음식 재료는 손으로 만져봐야 한다. 그래야 이 재료를 어떻게 다룰지에 대해 감을 잡을 수 있다.

마케팅도 다르지 않다. 내가 시도하는 마케팅이 먹히는지 안 먹히는지는 직접 해봐야 알 수 있다. 수없이 시행착오를 거쳤고, 밥 먹듯이 거절을 당했다. 하지만 어느 순간, 마치 '러너스 하이(Runner's High)'처럼 거절당하는 것이 즐거워지는 순간이 있었다. 영업력을 집중해야 할 곳과 집중하지 않아도 될 곳이 눈에 들어오기 시작했다. '차가운 반응'과 '냉소'의 차이를 느낄 수도 있었다. 차가운 반응은 경쟁업체가 방문하지 않은 곳이라는 증거였다. 그럴수록 부단히 '손'과 '발'을 움직였다. 그러다 보니 미처 예상하지 못한 구체적인 마케팅 대상이 눈에 보였다.

이를테면 택시 기사가 그러했다. 오랫동안 직업적으로 운전하다 보면 눈이 피로해지고 약해지기 마련이다. 일부러 택시를 타고 기사에게 명함을 주면서 홍보했다. 새벽에는 재래시장에 가서 상인들에게 홍보하기도 했다. 이분들 또한 시력이 좋지 않은 경우가 많다. 그들은 이른바 SNS 마케팅(페이스북, 인스타그램)으로는 절대 잡히지 않을 잠재고객들이었다. 누가 그들의 손을 잡아줄 것인가? 아무도 하지 않을 것이 분명하니, 내가 잡으면 된다고 생각했다.

- 4장 -

부자 사업가의 '체'

사업에서 옥석을 가리는 도구

혹한을 거치는 동안
옥석이 가려진다.

- 공병호(공병호경영연구소 소장)

16 사업가의 정체성을 들여다보는 '체'

2장에서 '칼'은 사업에 필요한 것을 '구분'하여 남기는 도구라고 했다. 반면에 '체'는 사업에 필요한 것을 '구별'하여 옥석을 가리는 도구다. 필요한 것과 필요하지 않은 것을 '구분'하는 일은 비교적 쉽다. 반면에 좋은 것들 속에서 필요한 것을 '구별'해내는 일은 어렵다.

우리는 점심시간에 짜장면을 먹을지, 짬뽕을 먹을지 고민한다. 사업도 그렇다. 사업을 추진하다 보면 '좋은 것이 걸림돌이 되는' 경험을 하게 된다. 어떠한 프로세스나 디테일이 그 사업에 필수적인지를 판별하지 못한 채로, 일단 좋아 보이니 그대로 시행하는 경우가 많다. 왜 이렇게 하는 걸까?

가장 큰 이유는 사업에 '나'를 대입해보지 않기 때문이다. 이상하게 들리겠지만 이런 경우가 비일비재하다. 막상 사업가가 되면 소비자의 관점에서 봤을 때 이것이 얼마나 의미가 있는지를 깊이 생각하지 않는다.

사업가는 항상 그 사업의 첫 번째 소비자가 되어야 한다

당신이 추구하려는 디테일이 소비자의 관점에서 얼마나 중요하게 느껴질까? 정작 중요한 부분들을 모두 놓치고 있는 것은 아닐까?

사업을 제대로 하고 싶다면 다른 사업가의 겉모습을 흉내 내기보다는 자기 마음을 '체(篩)'로 걸러내야 한다. 이 과정에서 마음속에 이미 존재하는 사업가로서의 '정체(正體)'를 확인할 수 있다.

어느 사업가는 기름을 털어내기에 좋은 듬성듬성한 체를 가지고 있다. 어느 사업가는 뭉친 밀가루를 풀어주기에 적합한 고운 체를 가지고 있다. 이처럼 같은 사업을 해도 전혀 다른 접근법이 존재하고, 완전히 다른 결과물이 나올 수 있다.

사업가의 마음속 '체'는 사업가의 '정체성'이기도 하다. 여기서 이런 의문이 들 수도 있을 것이다.

'사업가의 정체성'이란 사업에 있어 지극히 개인적인 영역이 아닌가?

그런데 이를 강조하는 이유는 무엇인가?

해답은 간단하다. 오늘날 소비자들은 '제품으로서의 소비'와 '감정으로서의 소비'를 동시에 하고 있기 때문이다. 유튜브 등을 통해 리뷰 콘텐츠가 활성화하면서 제품의 장단점은 물론, 회사가 어떤 철학으로 제품을 만들고 있는지까지 낱낱이 알 수 있게 되었다. 눈이 높아진 소비자들은 자신의 취향을 적극적으로 생산자에게 요구한다. 인터넷으로 거래되는 거의 모든 상품에 감정적인 댓글이 달린다. 사람들은 댓글에서 타인의 감정을 대략 훑어보면서 제품의 구매 여부를 결정한다. 당연히 사업가는 수많은 소비자의 목소리 중에서 무엇을 체로 걸러낼 것인가를 정해야 한다.

주방용 도마를 팔아야 한다고 생각해보자. 모든 도마를 취급할 만한 자본이 없다면 선택해야 한다. '캠핑용'으로 한 번 쓰고 버리는 일회용 도마를 팔 것인지, '셰프'들을 위한 비싸고 무거운 앤드그레인 도마를 팔 것인지. 아니면, '위생에 예민한 소비자'들을 위해 TPU(열가소성 폴리우레탄) 도마를 팔 것인지.

모든 주방에 하나씩 있기 마련인 그 흔한 도마를 판다고 해도 이처럼 전혀 다른 사업 영역이 펼쳐진다.

소비자는 무엇을 원하는가?

소비자가 원하는 것 중 사업가인 당신에겐 무엇이 끌리는가?

사업가는 항상 그 사업의 첫 번째 소비자가 되어야 한다. 첫 번째 소비자인 당신에게 끌리는 것을 만들어야 한다. 당신에게 끌리지 않는 것이 소비자들에게 먹힐 가능성은 매우 희박하기 때문이다.

17 사업가에 대한 환상을 체로 걸러낸다

사업을 시작하기 전에 '나'의 내부조건을 들여다봐야 한다. 동시에 나에게 불필요한 영향을 줄 수 있는 외부조건을 적절히 차단하는 것 또한 중요하다.

환상적인 창업 이야기에 현혹되어서는 안 된다. 창업 관련 매체는 사업가들에게 환상을 부추긴다. 그들은 사업가라면 모름지기 자립심이 강하고, 뛰어난 통찰력을 지녀야 하고, 나무랄 데 없는 혁신적인 인물이어야 한다며 당신도 그렇게 될 수 있다고 말한다.

특히 애플의 CEO 스티브 잡스(Steve Jobs)에 관한 창업 이야기는 매우 과장되어 있다. 사람들은 스티브 워즈니악(Steve Wozniak)과 잡스가 애플을 차고에서 창업했고, 그곳에서 지금의 애플을 일궈 냈다고 철석같이 믿고 있다. 이른바 '실리콘밸리 차고 신화'다. 이에 대해 워즈니악은 "그 이야기는 부풀려진 부분이 있죠. 실제 작업은 휴렛패커드의 제 사무실에서 했으니까요."라고 말했다.

나는 이러한 환상을 '사업가 가루'라고 일컫는다. 이런 '가루'를 파는 창업 관련 매체의 입장을 일면 이해한다. 창업이 얼마나 어려운지, 얼마나 죽을힘을 다해야 성공할 수 있는지를 구구절절 설명한다면 독자들에게 좋은 반응을 얻기는 힘들 것이다. 그러니 계속해서 '사업가 가루'를 파는 것이다. 그들은 당신이 '가루'에 중독되어도 책임을 지지 않는다. 담배회사가 담배를 피우는 것은 당신의 자유이며 선택이라고 말하는 것처럼.

사업가에 대한 지나친 환상은 경계해야 한다. '미국 실리콘밸리 희대의 사기꾼'으로 불리는 엘리자베스 홈즈(Elizabeth Holmes)는 손가락 끝을 찔러 나온 혈액 몇 방울만으로 250여 개의 질병을 진단할 수 있는 기술을 개발했다고 주장했다. 물론 그런 건 없었다. 그녀의 사기행각이 드러난 뒤, 그녀의 자필 메모에 "스티브 잡스 되기"라는 구절이 있었다는 사실이 언론을 통해 보도되기도 했다. 그녀는 스티브 잡스 같은 사업가가 되지 못했고 결국 사기꾼이 되었다.

뛰어난 사업가들에게는 특유의 창의력과 대담한 자세가 있다. 사업에서는 무엇보다 근면 성실한 태도가 뒷받침되어야 한다. 사업가에 대한 잘못된 환상은

한 개인의 망상에서 그치지 않고, 범죄로 이어질 수도 있다.

사업가는 요리사와 같다. 요리사는 전 세계에 자신의 요리를 알리는 것이 목적이 아니다. 일단 가게를 대표하는 요리 하나를 완성하는 것이다. 이 과정에 얼마나 많은 노동이 필요할까?

원래 사회부 기자였다가 이탈리아 유학길에 올라 요리사가 된 박찬일 셰프는 이렇게 말한다.

"TV에 나오는 유명 요리사를 통해 얻은 환상은 모두 버리세요. 요리사란 고된 노동으로 음식을 만들어내는 사람이라는 사실을 잊지 말았으면 합니다."

사업가도 마찬가지다. 사업을 일으키기 위해 불가피한 시행착오를 겪는다. 이를 바로잡는 과정을 거쳐야 한다. 작은 성공을 지켜내기 위해 많은 정신적 노동을 감내해야 한다. 아무리 돈을 많이 번다고 한들 이것을 감당하는 것은 쉬운 일이 아니다. 그런데도 당신이 일궈내야 할 '인생 사업'은 모든 사람에게 주어진 의무라고 말하고 싶다.

당신이 원하지 않더라도, 아무런 잘못이 없더라도 직장인으로 일할 수 있는 기간은 정해져 있고, 심지어 짧다. 언젠가는 자신의 인생 사업을 시작해야 한다.

우리가 '성인'이 되는 것이 제1의 홀로서기라면, '직장인'으로서 걸음

마를 때는 것을 제2의 홀로서기라고 할 수 있다. 그리고 직장을 나와서 스스로 행동하고, 스스로 결정을 내려야 하는 진정한 '독립인'이 되는 것을 제3의 홀로서기라고 부를 수 있다. 이때를 위해서라도 '사업가의 생각'을 권장하고 싶다. 사업을 하고 싶지 않고, 앞으로도 할 생각이 없는 사람이라 해도 말이다.

어떤 사람들은 생각만 하면 무엇이 바뀌겠냐는 말을 하곤 한다. 그렇지 않다. 생각해야 한다. 그래야 관찰할 수 있다. '현실적'이라는 촘촘한 체에, 끊임없이 생각하고 관찰하며 공부하면서 불필요한 것을 거르고 거르다 보면 뭔가 남을 수밖에 없다. 그것은 남들 눈에는 보이지 않는, 내 눈에만 보이는 사금 같은 것이다. 제대로 된 사업의 기회는 그렇게 찾아온다.

그리고 이 사실을 기억해두자. 돈을 벌고 싶다면 돈을 좇아가면 안 된다. 돈이 당신을 따라오게 만들어야 한다. 사업을 하고 싶다면 당신이 사업을 좇아가면 안 된다. 사업이 당신을 따라오게 해야 한다.

18 사업에 실패하는 3가지 이유

나는 안과 분야의 전문 경영인이다. 안과에 왜 경영자가 필요한지를 이해시키고 업계에서 신뢰를 쌓기 위해 몇 년을 투자했다. 서류 가방 하나를 들고 수십 군데가 넘는 개인 병원을 돌아다녔다. 어렵게 한 곳에서 일거리를 찾았고, 그 일을 시작으로 이름을 알릴 수 있게 되었다. 누군가가 나에게 왜 안과 전문 경영인이 되었느냐고 묻는다면, 내가 일을 택한 게 아니라 일이 나를 택했다고 대답할 것이다.

일본 석학 이타미 히로유키 교수는 《경영자가 된다는 것》에서 '경영의 본질은 타인을 통해 뭔가를 이루는 것'이라고 말했다. 그의 말에 공감한다. 경영이란 타인을 도움으로써 나를 돕는 것이다. 이것이 내가 추구하는 사업의 목적이다.

일을 시작한 지 얼마 안 되었을 때는 생활비를 벌기조차 쉽지 않았다. 점차 나의 경영 전략이 성과를 거두면서 명확하게 미래가 그려졌고, 더 나은 삶을 살 수 있을 거란 희망이 보였다. 오직 돈과 명성을 목표로 일했다면 이 길을 선택하지 않았을 것이다. 부유해지고 유명해지고 싶어서 이 일을 시작하지 않았다. 업이 나를 선택했고, 이 일을 할 수밖에 없었다. 지나고 보니 천만다행이었다는 생각이 든다.

사업에 실패하는 이유는 매우 다양한데, 성공하는 길은 하나뿐이다. 나는 운 좋게도 하나뿐인 이 길을 선택했다. 내가 행복한 길을 선택했고, 그것이 사업적으로도 올바른 길이었다.

톨스토이는 《안나 카레니나》에서 **"행복한 가정은 모두 비슷하지만, 불행한 가정은 제각기 다르다."**라고 했다. 나는 이 문장을 이렇게 바꾸고 싶다.

"사업에 성공한 사람은 모두 비슷한 이유로 성공하지만, 사업에 실패한 사람은 저마다의 이유로 실패한다."

경영자로서 '한때 사업가'였던 사람들을 많이 만났다. 한때 사업을 했으나 실패하고 지금은 전혀 다른 일을 하는 사람들이었다. 이들이 사업에 실패한 원인을 크게 세 종류의 '체'로 살펴봤다.

19

사업에 실패하는 이유 ❶

깊이 알려고 하지 않고,
잘 아는 '체'를 한다

깊이 안다는 것은 매우 중요하다. 한 분야에서 자발적인 헌신이 있어야 깊이 알 수 있다. 사업은 겉으로 보면 잔잔한 호수와 같다. 막상 발을 담그고 안으로 조금만 걸어 들어가면 발이 닿지 않을 정도로 깊다. 항상 내가 모르는 것이 있음을 받아들여야 한다. 모르는 게 있으면 당연히 물어보고 부끄러워하지 않는 것이 사업가에게 필요한 자세다.

백종원처럼 성공한 사업가도 잘 모르는 게 있다. 그는 〈골목식당〉에서 돈가스 가게를 방문했다. 식당 사장은 "돈가스를 썰어 내면 튀김옷이 눅눅해진다."라며 고민을 털어놓았다. 백종원은 이야기를 듣고 제주도 '연돈' 사장에게 전화를 걸어서 뜻밖의 답을 얻었다. '튀김 온도를 낮춰야 한다.'는 것이었다. 얼핏 생각하면 수분을 날려 보내기 위해서는 튀김기 온도를 높여야 할 것 같지만 답은 정반대였다. 고온으로 튀기면 수분이 밖으로 빠져나오지 못하고 안에 갇혀 버리기 때문에, 썰어 낼 때 뒤늦게 수분이 빠져나와 튀김옷이 눅눅해질 수밖에 없었다.

연돈 사장의 솔루션으로 문제가 마법처럼 쉽게 해결됐을까? 그렇지 않았다. 이후에도 '눅눅한 돈가스' 문제는 해결되지 않았다. 식당 사장은 마침내 문제점을 찾아냈고 스스로 해결했다.

문제는 재료에 있었다. 제주도 연돈은 흑돼지를 썼고, 골목식당 사장은 일반 돼지를 썼다. 일반 돼지에는 수분이 많아서 망치질을 더 해야했다. 그는 얼마의 두께로 썰어서, 몇 번의 망치질을 해야 수분을 충분히 뺄 수 있는지 최적값을 알아냈다.

돈가스 가게 사장도 요식업에서 15년을 일한 경력자였다. 그에게는 요리를 누구보다 잘한다는 자부심이 있었을 것이다. 하지만 알량한 자존심을 내려놓았다. 자신이 아직도 요리 실력이 부족하다는 점을 인정했다. 그러고 나서야 배울 수 있었다.

사업에서 '아는 체'를 하는 것은 모르는 걸 알면서도 배우지 않겠다는 것과 같다. 사업가로서 중요한 결격 사유다.

독학으로 바둑을 배워 프로 정상급에 올라선 서봉수 9단의 이야기를 기억해두자.

"나는 영원한 학생이다. 체력이 완전히 떨어질 때까지 계속 바둑을 배운다. 바

둑은 공부할수록 계속 실력이 나아진다. 내 바둑도 계속 늘고 있다. 지금도 틈날 때마다 한국기원에 와서 연구생들 틈에 껴서 공부한다. 모르는 게 있으면 물어본다. 나이 차이가 50년 나는 새까만 후배들이지만 실력은 수준급이니까 배울 게 있으면 배우는 것이다."

사업가는 배우는 학생이 되어야 한다. 사업가는 자신의 전공과목에 미쳐 있고, 그 전공을 살려 사람을 고용하고, 시스템을 만든다. 배우고 미쳐야 돈을 버는 게 사업이다.

사업에 실패하는 이유 ❷

필요 이상의
고집을 부리다가
'체'하여 도태된다

워런 버핏의 단짝 사업가는 찰리 멍거(Charles Munger)다. 찰리 멍거는 "탐욕이나 공포보다 더 경계해야 할 감정은 '질투'다."라고 말한 바 있다. 왜 이렇게 말했을까? 얘기를 더 들어보자.

> "자신의 능력이 어디까지인지 모른다면, 그건 능력이라 할 수 없다.
>
> 자신의 능력 범위를 모른다면 그건 재앙이다.
>
> 워런이 종종 이런 이야기를 했다.
>
> '난 자기 IQ가 180인데 190이라고 생각하는 친구보다
>
> 자기 IQ가 130인데 125라고 생각하는 친구를 대하는 게 좋다.
>
> 자기 IQ가 190이라고 생각하는 놈이 널 죽일 수도 있거든.'"

사업이 되돌릴 수 없을 만큼 완전히 망하게 되는 것은 사업 초기에 벌

어지는 일이 아니다. 대략 10여 년 정도 사업을 진행하여 회사가 안정기에 접어드는 시점이 가장 위험하다. 이때 사업가들은 크게 두 가지 이유로 재기 불능의 실패를 겪는다.

❶ 다른 곳으로 눈을 돌린다

10여 년 정도 사업하다 보면 뭐든지 해낼 것 같은 자신감이 생긴다. 대부분 이때 '새로운 산업'에 손을 대기 시작한다. 찰리 멍거가 워런 버핏이 했던 말을 인용한 것처럼, 자신의 IQ와 능력이 어디까지인지를 파악하지 못한 경우다.

❷ 다른 곳으로 눈을 돌리지 않는다

바로 앞에서 새로운 산업에 눈을 돌려서 망한다고 했는데, 지금은 다른 곳으로 눈을 돌리지 않아서 망했다니? '어쩌라는 거야?' 하고 의아해할 것이다. 사업의 속성이 그렇다.

산업이 발전하면서 과거에는 융성했던 시장이 어느 순간 완전히 사라질 수도 있다. 아무리 완벽하게 제품이나 사업 시스템을 만들어 놨다 할지라도 이런 일은 얼마든지 생길 수 있다.

한때 북미 등에서 큰 인기를 끌었던 '블랙베리(BlackBerry)' 스마트폰의 몰락이 대표적인 사례다. 블랙베리는 앱을 내려받아 설치할 수 있는 스마트폰이었음에도 앱 생태계 조성에 기울이는 노력이 부족했다. 게다가 카카오톡 등 경쟁 메신저가 전혀 없던 시절에 '블랙베리 메신저

(BBM, BlackBerry Messenger)를 전 세계에 무료로 배포해 모바일 메신저 시장을 선점하자.'라는 아이디어가 회사 내부에서 나왔지만 이를 무시해버렸다. 블랙베리 메신저를 사용하는 기업 고객들 덕분에 고정적으로 발생하던 매출을 포기하지 못했다. 결과적으로 앞서 얘기한 카카오톡과 다른 선택을 했던 것이 실패의 주요 원인이었다. 블랙베리가 내린 결정은 스스로 시장에서 도태되는 선택이었던 셈이다.

사업이란 선택의 연속이다. 건너가지 말아야 할 때, 건너가야 할 때를 놓친다면 점차 도태될 수밖에 없다. 찰리 멍거가 했던 말을 기억하자.

"1911년에 가장 잘나가던 50개 기업 중에서 살아남은 것은 GE 하나뿐이다. 경쟁자들의 공격이 얼마나 무서운 것인지 알 수 있다. 긴 세월에 걸쳐서 역사는, 어떤 기업이라 하더라도 그 기업을 소유하고 있는 사람들이 원하는 대로 살아남을 가능성이 절대로 크지 않음을 보여주고 있다."

21

실패의 책임을
다른 곳으로 돌리고
모른 '체'하여 실패한다

《관자》[1]에는 군주가 짊어져야 할 책임을 상기시키는 말이 있다.

"자신에게 죄를 돌리는 사람은 백성에게 죄를 얻지 않고

자신에게 죄를 돌리지 않는 사람은 백성이 벌을 준다."

사업가 중에는 실패를 자기에게 돌리지 않고 특정 직원 혹은 다른 이유로 돌리는 사람들이 있다. 실패를 스스로 인정하면 자신이 얼치기 사업가라는 것을 공언하는 꼴이기 때문이다.

사업가에게 실패란 '그런데도 살아남았다'는 영광의 흉터다. 실패는 시간과 돈, 노력을 갈아내어 만든 매우 비싼 물질이다. 이것을 입안으로

---

1 전국시대부터 전한(前漢) 때까지 사상가들의 언행을 모아 편찬한 책

삼키고 경험치로 환원해야 한다. 이 경험치는 소태처럼 매우 쓰다.

실패를 받아들이지 못하는 사업가는 위험해지거나 구제 불능이다. 가장 위험한 사업가는 단 한 번도 실패해 본 적 없는 사람이다. 구제 불능의 사업가는 책임을 져야 할 자리에 앉아서 모든 책임을 회피하는 사람이다.

걸러져 나온 결과물만 보지 않기

비지는 두부나 두유를 만들기 위해 콩을 갈아 콩물을 짜고 난 뒤 남은 찌꺼기다. 술지게미는 탁주를 거르고 남은 찌꺼기다. 이 찌꺼기에도 가치가 있다. 먹는 것에서도 한 가지 재료로 10가지를 만들어내는 우리나라 사람들은 이 찌꺼기들을 버리지 않고 비지찌개, 모주로 만들어 먹는다.

'명태'라는 생선 하나에는 어획 시기, 어획 장소, 어획 방법 등에 따라 100가지가 넘는 이름이 있다. 이 사실에서도 우리가 얼마나 다채로운 방법으로 명태를 활용하고 있는지 알 수 있다.

사업의 기회는 다양한 명태의 이름만큼이나 바라보는 관점에 따라 과정과 결과가 완전히 달라질 수 있다. 사업하면서 얻은 결과물이 정말 실패인지 심사숙고하여 따져보아야 한다. 그것이 명백한 실패라 해도 이를 통해 또 다른 결과를 도출해낼 수 있는지 협력자들과 이야기를 나눠봐야 한다.

포스트잇의 개발이 대표적인 사례다. 많은 사람이 포스트잇의 성공을 세렌디피티(Serendipity, 완전한 우연으로부터 중대한 발견이나 발명이 이루어지는 것)로 생각하는데, 실제로는 그렇지 않다.

3M에는 실패작임을 당당히 공개하는 회사 분위기가 있었다. 사내 직원들에게 제품을 써보게 하면서 오랜 논의를 거쳐 상품화했다.

1968년, 3M은 본래 의도했던 접착제 개발의 실패 이후, 1977년 '프레스 엔 필(Press 'N' Peel)'이라는 이름으로 제품을 출시했다. 결과는 실패였다. 소비자들은 생소한 물건의 가치를 알아보지 못했다. 제품 개발자였던 아트 프라이는 종합경제지 포천(Fortune)이 선정한 500대 기업의 비서들에게 제품 샘플을 보내주는 마케팅을 했다. 비서들의 주문이 몰려들었고, 1980년에는 제품명을 '포스트잇(Post-it)'으로 바꿨다. 1981년에는 수출도 하게 되었다. 이 과정은 12년이라는 시간이 걸렸다.

모든 사업에는 실패와 성공이 발효 작용을 일으키는 숙성의 시간이 필요하다. 포스트잇의 개발자 아트 프라이는 이렇게 말했다.

"사람들은 대부분 성공 신화에 들떠 정작 중요한 실패의 경험은 하지 않으려고 합니다. 그러나 돌이켜 보면 수많은 실패를 극복하고 난 후에야 성공이 이뤄지는데 말입니다. 포스트잇도 실패의 경험이 없었다면 태어나지 못했죠. 실패를 중요시하라는 이유는 과정의 면밀한 관찰을 통해 더 큰 성공으로 이르는 길을 찾을 수 있기 때문입니다. 과정은 결과 못지않게 중요합니다. 실패를 두려워하고 무가치

하게 여기는 것은 과정을 소홀히 하게 하는 목표 만능 태도를 쌓게 해 더 큰, 또 다른 성공을 놓치게 되는 우를 범하게 하죠."

22 사업의 사인(시그니처)을 찾아라

당연한 말이지만, 사업가는 돈을 벌어야 사업가이다. 회사 역시 돈을 벌어야 회사다. 하지만 이것은 돈이라는 하나의 최종 목표만을 놓고 비교한 것이다. 회사는 정말로 돈을 버는 것이 시작이고 끝이다.

하지만 사업가는 다르다. 사업가는 복잡다단한 감정을 가진 사람이다. 돈을 찍어내는 화폐 제조기가 아니다. 따라서 사업가가 어떤 제품이나 서비스를 만들고, 마침내 성과를 거두는 과정을 살펴보면, 상식적으로는 설명할 수 없는 것이 많다. 사업가가 정말 '돈벌이' 하나만을 목표로 했다면, 굳이 고집을 피우고 어려움을 자처하면서 사업을 해야만 했을까 하는 생각이 든다.

그래서 사업 외적인, 그들의 사적인 이야기를 면밀하게 들여다보아야 한다. 성공한 사업가들은 대부분 '이 사업을 할 수밖에 없었던 사람이고, 그렇기에 사업을 통해 계속 돈을 버는 방법을 찾을 수밖에 없었던 사람'이다.

즉, 돈 이전에 사업이 그를 선택했고, 그렇기에 '지속적'인 것이 돈벌이보다 앞서 있었다. '지속적'이라는 것은 사업의 언어로 본다면 '대체 불가능한 서비스 혹은 재화의 제공', 즉 '독점'과 맥락이 닿아있는 말이다.

성공한 사업가들은 독점이 전제되지 않으면 어떤 사업을 해도 지속적인 사업이 쉽지 않다는 것을 본능적으로 알고 있다. 좋은 아이템을 가지고 사업을 하는 것은 기본이다. 하지만 소비자들이 '좋은 아이템'이라는 이유만으로 돈을 쓰는가?

그렇지 않다. 세상엔 우리가 생각한 것 이상으로 기발하고 좋은 것들이 넘쳐난다. 심지어 자기 돈을 들여가며 무엇을 사는 게 가장 좋은지를 영상으로 알려주는, '지름'의 '지름길 가이드'를 자청하는 유튜버들도 많다. 게다가 소비자들은 여러 선택지가 있는 소비를 할 때는 차선책의 차차선책까지 생각해가며 돈을 쓰는 것에 신중을 기한다. 반면 소비자들은 대체 불가능한 것에는 고민하지 않고 지갑을 연다.

대체 불가능한 가치를 만들기 위해선 우선 사업가 자신이 대체 불가능한 존재가 되어야 한다. 사업가가 대체 불가능한 존재가 되는 데 필요한 건 '지속성'이다. 이를 위해선 '나'를 걸 수 있을 만한, '나'에게 맞는 사업을 찾아내는 것이 중요하다. 알고 보면 사소한 이 차이가 한 가게를 대표하는 이른바 '시그니처(Signature) 요리'처럼, '시그니처 사업'을 만들 수 있는 원동력이다. 내가 말하는 시그니처란 그저 하나의 요리, 하나의 사업을 말하는 것이 아니다. 내가 원하고, 소비자들이 원하는 좋은 것을 수년, 수십 년 동안 계속해서 같은 품질로 만들 수 있는 것이 시그니처다.

사람들이 광고도 하지 않고, 대개 접근성도 좋지 않은 곳에 있는 노포에 군이 찾아가서 맛을 보려는 이유가 무엇일까?

단순히 식욕만을 채울 거라면 편의점 도시락으로도 충분하다. 하지만 노포에는 그곳에서만 맛볼 수 있는 대체 불가능한 만족감이 있다. 그러니 기꺼이 불편을 감수하고라도 그 경험을 위해 찾아가는 것이다. 그렇다면 이런 질문을 할 수 있을 것이다. 그 사업가들은 어디서, 어떻게 사업의 시그니처를 찾아내어 성공했느냐고. 이와 관련해 3가지 이야기를 해보고 싶다.

❶ 사업이 성공할지 안 할지는 성공한 사업가들 자신도 100% 예측한 것이 아니다

그저 하지 않으면 100% 후회할 것 같았기에 사업을 한 것이다. 내가 알고 있고, 조사해본 많은 사업가는 그러했다. 내가 이렇게 단서를 달아 이야기하는 이유는 정말로 미래를 정확하게 예견하는 사람이 만에 하나 있을 수도 있기 때문이다. 하지만 아무리 생각해도 그가 사업을 할 것 같진 않다. 만약 미래를 내다볼 수 있다면 로또 복권을 사면 될 테니까.

❷ 시그니처는 앞서 말했듯 찾는 것이 아니다

운동선수의 손에 굳은살이 생기듯, 발레리나의 발에 굳은살이 박이 듯, 시그니처는 자기 일에 열정을 기울인 결과로 만들어지는 표식 같은 것이다.

❸ 사업의 시그니처는 멀리 있지 않다

시그니처는 말 그대로 내 이름을 필기체로 쓴 '서명'이다. 필적학자인 구본진 변호사의 이야기에 따르면, '글씨는 뇌의 흔적'이라고 한다. 사업 의 시그니처는 필적처럼 나의 뇌, 나의 습관, 나의 역사 속에 답이 있다.

정말 그럴까?

세계적인 햄버거 브랜드 '쉐이크쉑(Shake Shack)'을 만들어낸 창업자 대니 메이어(Danny Meyer)의 삶을 체에 걸러내듯 들여다보자.

23 사업가의 삶을 걸러보면 사업의 핵심이 보인다

'쉐이크쉑(Shake Shack)'의 창업자인 대니 메이어는 어렸을 때부터 음식에 관심이 많았다. 그의 어머니는 함께 여행을 갈 때마다 억지로라도 일기를 쓰게 했는데, 대니의 일기장 대부분은 맛있게 먹은 음식 기록으로 채워질 정도였다고 한다. 10대 시절에도 친구들에게 요리해주는 것을 좋아해서 직접 타코나 피자를 만들어주기도 했다.

그러던 중 대니는 아버지가 무리하게 사업을 확장하다가 큰 실패를 겪고 어머니와 이혼까지 하는 과정을 지켜보았다. 이후 그의 아버지는 패키지 여행사를 차려 재기의 발판을 마련하는 듯했으나 또다시 무리한 사업을 벌였다. 결국 아버지는 59세의 나이에 폐암으로 세상을 떠나기 직전에 다시 한번 파산했다. 이런 고통스러운 경험은 아버지가 했던 실수를 자신도 되풀이할지도 모른다는 두려움을 안겨주었다.

이후 대니는 외할아버지가 운영하던 보안회사(절도 방지를 위한 전자 태그 등을 판매하는 회사였다)의 사업부장으로 입사하여 큰 성과를 거두었다. 미국 전역을 돌아다니며 식료품 가게 직원들에게 절도 방지 기술을 가르쳤다. 이런 와중에도 그의 식도락에 대한 열정은 사라지지 않았던지, 짬이 날 때마다 새로운 미국 요리를 맛보기 위해 레스토랑을 찾아다녔다. 이때 미국 서부에서 선풍적 인기를 끌고 있는 요리를 접했다. 여전히 전통적인 프랑스, 이탈리아 요리가 지배하고 있는 뉴욕과 대조적인 광경을 직접 경험한 것이다.

그는 회사일을 하면서 여유가 생길 때마다 마치 고독한 미식가처럼 뉴욕 곳곳을 쏘다니며 다양한 음식들을 맛보았다. 여기서도 그의 사업가적인 면모를 엿볼 수 있다. 그는 비싼 곳에서 먹는 것보다 인적이 드문 곳에서 훌륭한 음식을 발견하는 것을 사랑했다.

대니는 자신이 다니던 보안회사에서 런던 지점 개장을 맡겼을 정도로 성공했다. 하지만, 도둑 잡는 일보다는 뭔가 다른 일을 하고 싶었다. 회사를 그만두고 로스쿨 예비 과정에 등록했다. 그는 이 길이 진정으로 자신이 가야 할 길인지 망설였다. 입학시험을 앞두고 대니는 외삼촌 내외, 외할머니와 함께 식사하던 자리에서 고민을 털어놓았다.

"내일 LSAT를 치른다는 것이 믿어지지 않아요. 법률가가 될 마음도 없는데 말입니다."

"그러면서 왜 시험을 보는 거냐?" 그의 외삼촌인 리처드 폴스키가 말도 안 된다는 듯이 목소리를 높였다.

"법률가가 되고 싶지 않으면서 왜 시험을 본다는 거지? 네가 평생 하고 싶은 일을 찾아야 하지 않겠니?"

"그게 뭔데요?" 대니가 물었다.

"그걸 나한테 묻다니? 너는 어릴 때부터 입만 열면 온통 음식과 레스토랑 이야기뿐이었잖니. 레스토랑을 개업하는 것은 어떠냐?"

외삼촌의 제안은 낯설었지만, 대니에게는 정곡을 찌른 것처럼 느껴졌다. 다음 날 아침 대니는 아주 느긋하게 LSAT를 치렀다. 그리고 로스쿨에 지원하지 않았다. 그 순간부터 진로를 바꾸었다.

외삼촌의 말을 들은 뒤 대니는 부담 없이 시험을 치렀고, 로스쿨에 지원하지 않았다. 그러고는 레스토랑 사업을 위해 한 이탈리아 해산물 레스토랑의 주간 근무 부매니저로 일을 시작했다. 예약을 받고, 단골손님들에게 자리를 안내하는 것이 주된 일이었다. 이때의 경험을 바탕으로 대니는 2년 뒤, 자신이 가지고 있던 돈과 친척 돈을 빌려 유니언스퀘어카페를 차렸다. 그는 이 레스토랑으로 큰돈을 벌었고, 두 번째 레스토랑을 열게 되었는데, 유니언스퀘어 개장 후 9년이라는 시간이 흐른 뒤였다. 대니는 아버지처럼 되고 싶지 않았다. 무리한 사업 확장, 파산을 경계했다.

그러면서도 대니는 레스토랑을 개장하는 데 오픈 비용으로 300만 달러라는 거금을 쏟아부었다. 이 돈의 상당 부분은 가게의 인테리어에 들어갈 골동품을 수집하고 배치하는 데 쓰였다. 도박을 경계한다고 했던 대니가 어떻게 이런 과감한 투자를 할 수 있었을까?

그것은 그의 성장 환경 자체가 미술품과 밀접한 관련이 있었기 때문이었다. 부모님이 현대 미술을 사랑했고, 어머니는 세인트루이스에서 뉴욕 현대 미술품을 전시하는 포사이드 갤러리를 열었던 미술관 운영자였다. 그는 자신의 자서전 《세팅 더 테이블》에서 '조셉 앨버스[1], 게르하르트 리히터[2] 등 유명 화가들의 작품에 둘러싸여 성장하는 특권을 누렸다'라고 말했다. 그렇기에 그는 제대로 된 골동품 전문가를 알고 있었고, 미술품을 볼 수 있는 안목도 있었다. 누군가에겐 무리한 도박처럼 느껴졌겠지만, 그에겐 아니었던 것이다.

그의 두 번째 레스토랑은 큰 성공을 거두었다. 대니는 두 레스토랑의 안정적인 운영을 바탕으로 새로운 사업에 도전할 생각을 했다. 새로운 가게를 오픈할 자리를 물색하던 대니는 매디슨 스퀘어 파크에서 사업을 진행하기로 했다. 당시 매디슨 스퀘어 파크는 이렇다 할 상권 개발이 진행되지 않은 상태였고, 뉴욕시는 매디슨 스퀘어 파크 재건 계획의 하

---

1 20세기 기하 추상 분야의 대가로 불리는 예술가. 그의 사각형 그림은 에르메스를 대표하는 실크 스카프로 제작되기도 했다.
2 제2차 세계대전 이후 등장한 포스트모더니즘을 대표하는 예술가. 나치 장교였던 자신의 삼촌 사진을 유화로 일부러 흐릿하게 그려낸 작품이 유명하다.

나로 예술전시회를 열었다.

이때 대니는 태국의 조각가 나빈 라와차이클의 작품을 보게 되었다. '택시'와 '움직이는 핫도그 수레'가 작품의 중요한 소재였다. 대니는 핫도그 수레를 보며 '핫도그 수레처럼 작은 사업으로 큰 사업을 할 수 있지 않을까?'를 떠올렸다. 그리고 정말로 핫도그 수레를 가져다 놓고 매디슨 스퀘어 파크 예술전시회 기간 동안 핫도그를 매우 저렴한 가격에 팔았다. 그러나 대니는 핫도그의 품질을 위해 직원을 많이 고용했고, 5,000달러의 적자를 보았다.

다음 해 열린 예술전시회에 새 예술작품을 들여오면서 핫도그 수레 작품은 사라졌다. 그런데 사람들의 관심은 지난해에 먹었던, 대니가 만든 핫도그에 쏠려 있었다. 사람들이 뉴욕시와 공원관리위원회 측에 요구하니 대니는 어쩔 수 없이 핫도그를 팔게 되었고, 또 적자를 보았다. 그리고 다음 해에도 또 예술전시회에서 핫도그를 팔았다. 이때는 입소문이 퍼진 뒤였고, 사람들이 대니의 핫도그를 먹기 위해 길게 줄을 섰다. 이 모습이 방송국을 통해 전국으로 전파되었고, 대니는 7만 달러가 넘는 수익을 거두었다. 그는 이 돈을 매디슨 스퀘어 파크 관리위원회에 모두 기부했다. 이후 뉴욕시는 그에게 공원에 핫도그 상설매장을 열어달라고 부탁했다. 대니는 좀 더 제대로 된 길거리 음식을 팔기 위해 1년간의 연구 개발 과정을 거쳐 매디슨 스퀘어에 최초의 쉐이크쉑 매장을 개장했다. 이후 그의 햄버거가 점점 인기를 끌자 각 지역에 지점을 내며 프랜차이즈화 한 것이 지금의 쉐이크쉑 매장이 되었다.

주목할 점은 쉐이크쉑 매장의 시작이 개인 사업이 아닌, 말하자면 '매디슨 스퀘어 파크 살리기'로 시작된 일종의 공공사업이었다는 것이다.

대니의 이야기를 통해 우리는 어떤 결론을 얻을 수 있을까?
사업의 성공과 실패는 대부분 나의 삶에, 역사에 숨어있다는 것이다. 이것을 모르면 어떤 일이 벌어질까?
외식경영 컨설팅 일을 하는 사람에게 이런 이야기를 들은 적이 있다.

"망해가고 있는 한 가게의 컨설팅을 맡은 적이 있습니다. 이 가게의 사장은 광고 쪽에서 오랫동안 일을 해온 분이었습니다. 오로지 마케팅에만 매달려 무려 3억이라는 돈을 썼습니다. 그런데도 가장 기본이 되는 맛이나 서비스에는 아무런 관심도 없었습니다."

어처구니없다고 비웃지 않기를 바란다. 누구나 이런 잘못을 저지를 수 있다. 자기 자신을 냉정하게 바라본다는 것은 쉬운 일이 아니다. 그 사장이 자신의 역사를 냉정하게 돌아봤다면, 마케팅보다는 최대한 자기에게 부족한 부분, 맛과 서비스에 더 심혈을 기울였을 것이다.
우리는 사업만을 보고, 사업을 이끌어나가는 가장 중요한 기둥이 되는 자기 자신을 돌아보지 않는 어리석음을 범한다. 당신이 잘되는 사업가가 되고 싶다면 항상 자기 자신을 체 위에 놓고 걸러봐야 한다. 정말 어려운 결정을 내려야 하는 순간마다, 당신의 역사가 많은 해답을 줄 것이다.

24 사회공헌과 공공 미술에 관심을 둔다

대니의 이야기로 다시 돌아오자. 우리가 그의 사업에서 배워야 할 또 다른 포인트가 있다. '사회공헌'과 '공공 미술'이다. 이 두 가지 키워드는 앞으로 사업가가 되려는 당신에게 사업의 시그니처가 될 수 있다.

'사회공헌'에 대해서는 병원을 예로 들어보자.

병원은 불필요한 광고비 집행 대신에 복지 사각지대에 있는 가난한 사람을 도울 수 있다. 하지만 병원이 곧바로, 체계적으로 사회공헌을 하기는 쉽지 않다. 쉽게 생각하면 병원에 입원하는 환자를 대상으로 도움을 주면 될 것 같지만, 정말 어려운 사람은 병원의 문턱조차 밟지 못한다. 이런 도움이 절실한 사람을 어디서 찾을 것인가? 즉, 도움을 줄 수 있는 병원과 도움을 받아야만 하는 환자(복지 사각지대에 놓인, 치료가 간절히 필요한 환자)를 연결해 줄 수 있는 '사회공헌재단'이 필요하다. 병원에서 사회공헌사업을 하게 되면 사업가는 무엇을 얻을 수 있을까? 정부의 정책 공백을 채워주고, 정부에 지원책을 요구할 수 있는 정당한 명분을 얻을 수 있다.

내가 이사장으로 재직 중인 '보아스 사회공헌재단'은 이러한 사업 모델을 만들기 위해 3년간 자발적으로 사회공헌사업을 수행해왔고, 노력을 인정받아 보건복지부의 정식인가를 받을 수 있게 되었다. 앞으로 이러한 사회적 업무를 수행할 수 있는 비영리재단은 고령화 사회가 가속화될수록 사회적으로 큰 영향력을 가지게 될 것이다.

'공공 미술'과 관련해서는 이런 이야기를 하고 싶다. 사업가로 성공하고자 하는 사람들은 예술작품에 관심을 가지고 갤러리를 둘러보는 취미를 가지면 어떨까 싶다. 다른 회사의 성공사례에서 인사이트를 얻으려는 시도는 너무나 많은 책에서 다뤄졌고, 이제는 너무 식상하다. 게다가 아마존, 구글, 애플의 성공사례를 당신이 아무리 들여다본들 그건 그저 결과일 뿐이다. 당신이 얻을 수 있는 것은 극히 제한적이다. 그것을 당신의 성공방정식에 그대로 대입할 수 있다고 생각한다면, 직설적으로 말하건대 그건 망상이다.

사업의 결과물을 보지 말고, 그 사업을 만들어낸 사업가의 생각을 읽어야 한다.

우선 '나는 어떤 사업가인가'를 알아야 한다. 그래서 만약 누군가가 나에게 "내가 어떤 사업가인지를 알려면 어떤 방법이 있느냐?"고 묻는다면 "갤러리에 가서 예술작품을 보세요."라고 말하고 싶다. 처음에는 어렵고 난해할 것이다. 그러면 다른 작품을 보면 된다. 분명 당신의 마음을 사로잡는 작품이 하나쯤은 있을 것이다. 이러한 과정을 통해 사업가는 무엇을 배울 수 있을까? 어딜 가서도 배우기 쉽지 않은 '사업적 상상력'의 원천을 얻어낼 수 있다.

또한 갤러리는 '조모(자발적 고립의 기쁨, Joy of missing out)'를 실현하기에 가장 좋은 곳이다. 사업하다 보면 사업에 대한 깊이 있는 생각을 하지 못하게 만드는 외부적인 '입력'들이 많이 들어온다. 틈만 나면 전화가 울리고, 틈만 나면 메일이 온다. 이러다 보면 사업가로서 깊이 있는 생각을 하지 못하기 마련이다. 그러니 정해진 시간에 스마트폰을 끄고, 갤러리에 들어가 보자. 분명 배울 점이 있을 것이다.

25 예술가와 사업가의 공통점

대니 메이어의 이야기를 살펴보면, 예술가와 사업가는 완전히 다른 것 같아도 의외로 많은 공통점이 있다. 그중에서 5가지 정도만 이야기해 보겠다.

❶ 불안한 일을 늘려 나가면서 덜 불안해진다

예술가와 사업가는 누군가에게 월급을 받는 사람이 아니다. 언제나 수입이 들쑥날쑥한다. 그래서 예술가나 사업가에게 '마감이 끝났다.' '사업이 마무리되었다.'라는 것은 새로운 작품, 새로운 사업에 도전해야 한다는 뜻이다. 즉, 일이 끊겼다는 의미다.

예술가는 일이 마감되자마자 다시 작업할 거리를 준비해놓는다. 사업가도 추진하는 사업이 어느 정도 안정됐다 싶으면 이와 연계된 다른 사업을 계속해서 준비한다. 즉, 불안한 일을 계속 늘려 나가면서 덜 불안해지는 환경을 만든다.

❷ 올라가거나 내려가거나, 밑도 끝도 없다

겉으로 보면 예술가나 사업가는 그럴싸해 보인다. 하지만 예술가와 사업가는 자신의 능력과 역량에 따라서 돈벌이가 천차만별이다. 사업 부도로 길바닥에 나앉은 사업가와 작품을 사줄 사람이 없어 밥을 굶는 예술가의 처지는 별반 다를 게 없다. (특히 특유의 고집만 살아있다는 점에서 그렇다.)

이런 양극단에서 미술품에 뛰어난 안목으로 화상(畫商)의 삶을 선택한 독특한 사람도 있다. 앙브루아즈 볼라르(Ambroise Vollard)가 그런 사람이다. 그는 본래 법대에 진학하려고 파리에 왔다가 미술에 빠져들었다. 고갱, 고흐, 피카소, 마티스 등의 화가에게 파리에서 첫 전시를 열게 해주었고, 르누아르, 드가, 세잔의 전기를 쓴 작가이기도 하다. 오늘날의 직업으로 말하자면, 그는 '아트 딜러'였고, 자신에게서 예술적 가치를 알아보는 희소성을 찾아냈다.

미술품 거래와 관련해서 우리나라보다 역사가 오래된 외국에서는 그림을 그리는 작가가 컬렉터이자 아트 딜러 일을 병행하는 것이 일반적이라고 한다. 반면 우리나라에서는 갤러리에서 일하는 사람들이 '미술품 중개인' 역할을 겸하고 있다. 미술관 경영, 미술품 관련 칼럼을 쓸 정도의 칼럼니스트로서 정식 대학교육을 받은 이른바 '아트 딜러'들이 배출되며 분업화된 것은 불과 몇 년 되지 않았다. 앞으로 우리나라에도 이런 직업을 가진 사람들이 더 늘어날 것이다. 왜냐하면 이제는 우리나라 사람들도 미술품에 관심이 높아졌고 작품에 돈을 투자하는 것도 낯설지 않기 때문이다. 사업가 중에도 미술품에 안목이 뛰어난 분들이 꽤 있다.

인테리어는 감가상각이 심하지만 그렇다고 안 할 수는 없다. 이때 효과적인 접근이 필요하다. 돈을 쏟아부어 인테리어를 휘황찬란하게 하는 것보다 좋은 미술품 한 점을 적당한 위치에 어울리는 조명과 함께 걸어두는 것이 더 기억에 남을 수도 있다.

이것을 우연히 느낀 적이 있다. 서울 마포구에 있는 중국집에 들렀을 때였다. 깔끔한 식당이었는데, 그림 한 점이 유난히 눈에 띄었다. 이마 위쪽이 잘린 채 웃는 남자 위로 다른 남자가 웃고 있었고, 그 위로 또 다른 남자가 튀어나와 웃고 있는 그림이었다. 하나의 목각 인형 안에 크기 순으로 똑같은 인형이 들어 있는 러시아의 전통 인형 마트료시카 같기도 했다. 한참을 들여다보면서 이 남자가 정말 기뻐서 웃는 건지, 정신이 나가서 웃는 건지 궁금했다. 인터넷으로 검색해보니 중국 현대미술의 대표작가인 '웨민쥔'의 작품이었다.

그 후에도 몇 번 그 식당을 찾아갔다. 천안문 사태 이후 중국의 혁신 세력들이 겪게 된 냉소적 현실주의가 반영됐다는[1] 예술작품을 짜장면

---

1 https://froma.co/acticles/642

을 먹으면서 보고 있자니, 이것이야말로 블랙코미디가 아닌가 싶었다. 한편으로는 이런 생각도 들었다.

'안과와 갤러리가 합쳐진다면 고객들에게 어떤 경험을 줄 수 있을까?'
'고객들이 '본다'는 것에서 새로운 가치를 느끼는 경험을 할 수 있지 않을까?'

중국집의 벽에 걸린 그림을 보면서 이런 생각을 하고 있다니! 나만 그런 걸까? 당신도 나와 비슷한 경험을 해본 적이 있었는지 묻고 싶다.

❸ 자신만의 브랜드를 만들어간다

앞서 '시그니처'에서 설명했듯, 사업가와 예술가는 세상과 소비자에게 전하고 싶은 가치를 만드는 것으로 자신의 가치가 결정된다. 이때 가치가 크고 작음은 중요하지 않다. 진심을 담은 상품 혹은 작품을 만들어야 하고, 대중에게 각인되는 브랜드가 되어야 한다.

여담이지만, 미켈란젤로는 단 하나의 작품에만 사인을 남겼다. 십자가에서 죽은 예수를 내려 안고 슬피 우는 성모 마리아의 모습을 묘사한 작품 〈피에타〉에만 유일하게 사인이 각인되어 있다. 성모 마리아 옷깃에. 이 작품이 미켈란젤로의 데뷔작이었기 때문이다.

미켈란젤로의 작품 피에타(Pieta)   피에타에 새겨진 미켈란젤로의 사인

당신은 자신의 사업에 어떤 사인을 남기고 싶은가?

어렵게 생각할 필요는 없다. 당신만이 할 수 있는 일을 찾아야 한다. 예를 들면, 어느 부동산 투자자는 주로 문젯거리가 있는 매물을 찾아다닌다. 다른 사람의 눈에 좋아 보이는 매물은 이미 비싼 물건이기 때문이다. 그분은 마치 바다에 가라앉은 배를 건져내서 돈을 버는 인양업체처럼 사람들이 투자를 꺼리는 부동산 매물을 찾아다니고, 문젯거리를 해결하면서 자신의 사업을 키워나간다.

이처럼 겉으로는 같은 사업처럼 보여도 당신이 어떤 사람이냐에 따라 그 사업의 속내는 전혀 다른 것일 수도 있다. 그러니 당신이 사업가로서 동종 사업에 대해 탐색 중이라면, 마치 미술품을 보듯 해야 한다. 성공한 사업가가 어떤 히스토리를 가졌는지, 그의 '상상력의 본질'을 알아차려야 한다.

❹ 잘할 수 있는 일을 한다

다음 질문에 답해보자.

하기 싫은데 잘하는 일을 해야 할까?

하고 싶은데 잘 못 하는 일을 해야 할까?

내가 만나본 사업가들은 두말할 필요 없이 무조건 전자를 선택하라고 권했다. 예술을 하든, 사업을 하든 그 안에는 하기 싫은 일이 있다. 어떤 일이든 모두 좋을 수는 없다. 흔한 자기계발서에는 '진짜 당신이 좋아하는 일을 하라.'는 말이 심심치 않게 나온다. 이 말에는 중요한 전제가 빠져 있어서 착각하기 쉽다. 좋아하는 일을 하려면 '당신이 잘하는 일'의 '근거'가 있어야 한다. 근거가 있다면 좋아하는 일을 해도 상관없다.

'잘하는 일의 근거'는 무엇인가? 간단하다. 사기를 치거나 비정상적인 방법으로 돈을 버는 것이 아니라, 정상적인 방법으로 생계를 유지하는 데 큰 문제가 없을 만큼의 돈 혹은 약간의 부수입을 계속해서 벌고 있으면 된다. 더 이상의 근거는 필요 없다. 아이러니하게도 '내가 싫어하는 일'이 '내가 잘하는 일'이 되는 경우가 훨씬 많다.

사람들은 주변에서 "그 일이 당신의 천직이야."라고 말해줘도 '지금 하는 일 말고 내가 잘하는 일이 없을까'를 항상 다른 데서 찾으려고 한다. '진짜 내가 좋아하는 일'이 무엇인지를 안다는 것은 자기 자신과 인생에 확실한 결론을 내린 것이나 다름없다. 그러나 이것은 절대로 쉬운 게 아니다. 이는 한 분야에서 성공을 거둔 사람이라고 해도 예외가 없다.

배우 황정민이 '배철수의 음악캠프'에 출연해 이야기한 것을 들어 보자.

배철수: 배우라는 직업을 천직이라고 생각하십니까?

황정민: 천직이라고 생각해본 적은 없습니다. 물론 제 일을 너무 사랑하고 열심히 하고 있지만 저는 늘 이 세상에 제가 잘하는 일이 배우 말고 또 있을 거라고 꿈꾸면서 삽니다. (중략)

배철수: 배우 말고 잘하는 일이 뭡니까?

황정민: 악기 다루는 일을 좋아해서 취미로 열심히 배우고 있습니다. (중략)

배철수: 제대로 선생님께 배우는 겁니까?

황정민: 레슨을 받고 있습니다. 이전에는 8년 정도 클라리넷을 배웠습니다. 한번은 배우를 그만두고 유학 가서 재즈를 해보면 어떨까 싶어 아내한테도 말해봤습니다.

배철수: 아내 분이 말도 안 된다고 하지 않았습니까?

황정민: 아닙니다. '닥쳐'라고 하더군요.

황정민처럼 배우로서 성공을 거둔 사람도 자기가 잘하는 일이 무엇이 있을지를 계속해서 고민한다. 심지어 배우를 그만두고 재즈를 해볼까 했다가 아내의 일갈에 주춤한다.

좋아하는 일과 잘하는 일은 비슷해 보이지만 다르다. 중첩되는 지점이 있긴 하지만 현실에서는 잘 부합되지 않는다. 게다가 사람의 취향이란 너무나 변덕스러운 것이다. 정말 좋아해서 뜨겁게 열정을 바쳤던 일이 아주 사소한 이유로 차디차게 식을 수도 있다. 즉, '좋아하는 일'이 내 의도와 무관하게 '안 좋아하는 일'로 바뀔 수도 있다는 말이다. 하지만 '잘하는 일'은 의도적으로 태업을 하지 않는 이상 '못하는 일'이 되지는 않는다.

좋아하는 일은 당신에게 돈을 벌어다 줄 수도 있고 아닐 수도 있다. 하지만 잘하는 일은 계속해서 돈을 벌게 해준다. 꾸준하게 현금흐름이 생기면 어떤 일이 일어날까? 여유가 생기고, 무슨 일을 하든 올바르게 대응할 수 있는 자신만의 관점도 또렷해진다. 그러니 잘하는 일을 1순위로 하면서 좋아하는 일에 조금씩 시간과 노력을 투자하는 것이 초보 예술가, 초보 사업가가 현실적으로 추구해야 할 삶의 자세라고 말하고 싶다.

이것을 레시피로 말하면, 8대 2의 비율이 적당할 것 같다. 두 스푼의 예술가 혹은 두 스푼의 사업가라고 할 수 있다. 물론 오로지 돈 때문에 사업하는 사람도 있고, 그림 그리는 자신의 모습이 멋지다는 이유로 예술을 하는 사람도 있다. 이런 사람들도 운이 좋다면 성공할 수 있다. 하지만 그 성공이 오래가지는 못할 것이다.

❺ 꾸준한 안타가 한 번의 홈런만큼 중요하다

예술가든 사업가든 히트작은 필요하다. 무엇이 히트작이 될지를 미리 아는 방법이 있을까? 그런 건 없다. 다만, 나를 포함한 동료들이 작전을 잘 짜고 꾸준히 안타를 치다 보면, 운의 신(그런 신이 존재한다면)이 대형 실투를 하기 마련이다. 그때 잘 걷어 올린 결과물이 히트작이 아닐까 싶다. 히트작은 나만 잘났다고 해서 나오는 것이 아니다. 나의 개인력(Personal history), 동료들의 조력, 회사의 자본력 등이 시대와 잘 맞아 들어갔을 때 히트작이 탄생한다.

사업에 '퀀텀 점프(Quantum Jump)'란 없다. 그런데도 이 단어는 자기계발서, 언론 기사 등에서 남용되고 있다. 당신이 잘되는 사업가가 되려면 이 말을 자주 내뱉는 사람(혹은 책)을 멀리해야 한다. 이물질처럼 생각하고 체로 쳐서 걸러내야 한다. 이런 부류의 사람은 그럴싸한 말을 내뱉기를 좋아하는 허세가 강한 사람이거나, 매달 은행 이자의 10배를 주겠다고 말하는 폰지 사기꾼일 것이다.

물리학에서 퀀텀 점프를 설명할 때는 중요한 전제조건이 있다. 사기꾼들은 이런 전제조건을 고의로 빼놓고 유리한 것만 골라서 말한다. 그들이 말하지 않는 퀀텀 점프의 전제조건은 다음과 같다.

전자는 에너지가 낮은 상태에서는 뛰어오르지 않지만,

충분한 에너지가 공급되는 순간 한 번에 도약한다.

여기서 주목해야 할 부분은 '충분한 에너지'다. 사업가로서 원하는 모습이나 결과가 나오기 위해서는 당신의 경험과 새로운 시도들이 방출되어 날아가지 않고 '충분한 에너지'로 모여야 한다.

피카소는 죽기 전까지 약 15만 점의 그림을 그렸다. 하루 평균 7개의 작품을 완성한 셈이다. 그는 훌륭한 화가인 동시에 뛰어난 그림 생산자였다. 자신의 그림을 누가 알아봐 주길 가만히 앉아서 기다리지 않았다. 새로운 그림을 완성하면 화상을 불러들여 작품의 배경과 의도를 자세히 설명했다. 이는 화상들의 경쟁을 붙이기 위한 것이기도 했다.

단 하나의 작품으로, 가만히 앉아서 인정받은 화가는 없다. 사업가도 그렇다. 단 하나의 사업으로, 가만히 앉아서 인정받은 사업가는 없다. **사업가는 셀러(Seller, 파는 사람)인 동시에 스스로 난감한 문제를 짊어지고 해결하는 것에서 흥미를 느끼는 솔버(Solver, 해결하는 사람)가 되어야 한다.**

26 사업가는 사업의 가치를 파는 사람

 사업가는 단순히 물건을 팔아 돈을 버는 사람이 아니다. '사업의 가치를 파는' 사람이 사업가다.

당신이 '과일가게'를 운영한다고 가정해보자. 사업가라면 파는 '과일'을 좋아해야 한다. 과일의 희소가치를 어떻게 소비자에게 전달할지 그것에만 집중해야 한다.

어떻게 하면 '당신이 파는 과일'을 소비자가 먹게 할 수 있을까?

앞서 이야기한 '솔버(Solver)'의 자세가 왜 사업가에게 매우 중요한지 여기서 알 수 있다. 당연히 이런 자세와 철학을 가진 사업가라면 과일가게를 그저 구멍가게처럼 여기지 않고, 대를 이어 해야 하는 사업으로 바라볼 것이다. 실제로 이런 과일가게가 있을까?

일본의 '센비키야(千疋屋)'가 그런 과일가게다. 센비키야는 창업자 오시마 벤조(大島弁蔵)가 과일 노점상으로 시작했다. 본래 그는 사무라이였고 창술 도장을 운영하던 관장이었다. 1833년 일본에 대기근이 들자 어쩔 수 없이 도장 운영을 접고 과일을 실어 도쿄에 내다 팔게 되었다. 말장난 같지만 '장수(將帥)'가 '과일 장수'가 된 것이다.

이후 2대 사장의 아내, 즉 며느리가 집안에 들어왔다. 그녀는 대형 가쓰오부시(가다랑어포)를 거래하는 도매상의 딸이었고, 친정아버지가 정계의 거물들과 인맥이 닿았다. 센비키야는 며느리 덕분에 많은 고위층을 단골로 둔 고급 과일가게로 역사를 이어갔다.

센비키야에 위기가 온 것은 일본의 버블 경제가 꺼지면서부터였다. 불황에 빠지자 고객들은 가성비를 찾기 시작했다. 1995년, 센비키야를 이끄는 6대 사장 오시마 히로시(大島博)는 이 문제를 해결하기 위해 묘안을 내놓았다. 과일을 재료로 만든 케이크, 잼 등의 가공품을 함께 파는 전략을 세웠다. 말하자면, 고급 과일가게 옆에 디저트 가게를 연 것이다. 이 전략으로 큰 성공을 거둔 센비키야는 2018년 기준으로 매출이 92억 엔을 넘어섰고, 가공품이 전체 매출의 80%를 차지하고 있다. 사실상 디저트 가게가 된 셈이다.

그런데도 센비키야는 여전히 명품 과일 상점이라는 이미지를 유지하고 있다. 어떤 비법이 숨어있는 것일까?

센비키야는 과일을 아무렇게나 팔지 않는다. 직원들에게 수시로 비싼 과일을 먹게 하고, 하루 단위로 숙성된 맛의 차이를 비교할 수 있도록 미각 훈련을 한다. 그리고 고객에게 "며칠 후에 먹어야 최적의 맛을 낼 수 있습니다."라고 반드시 가이드를 주도록 한다. 만약 고객이 "오늘 먹으면 안 됩니까?"라고 물으면 오늘 먹어도 좋은 것을 찾아주고, 없을 때는 일종의 경고를 한다.

"오늘 드시면 30만 원의 값어치를 못 느끼실 겁니다."

단순히 과일 하나라도 더 팔아서 매출을 올리겠다는 것보다 본인들이 추구해온 고급 과일이라는 가치가 소비자에게 온전히 전달되지 못할 것을 더 걱정한다.

여담이지만, 센비키야는 우리나라의 대표적 시인 겸 소설가인 이상(李箱)과도 깊은 관련이 있다. 이상은 일본에서 생을 마치기 직전, 아내 변동림에게 이런 유언을 남겼다.

"센비키야의 멜론을 먹고 싶어."

이상이 그토록 그리워했던 센비키야는 지금도 도쿄 긴자에서 영업을 이어가고 있다.

긴자 센비키야

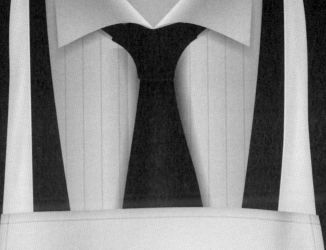

- 5장 -

부자 사업가의
'계량컵'
사업을 측정, 관리, 개선하는 도구

"레시피를 다 가르쳐주서도 돼요?"
"가르쳐줘도 따라 할 사람만 하지
게으른 사람은 안 해요."

- 이연복 셰프

27   사업에도 레시피가 있을까?

모든 요리에는 레시피가 있다. 레시피를 알면 간장, 소금의 양을 적당하게 조절할 수 있다. 사업에도 레시피가 있다면 얼마나 좋을까?

'정량'은 대량으로 요리할 때 가늠하기 어렵다. 군대 밥이 왜 그토록 맛이 없는지 이해가 될 것이다. 사업도 규모가 커질수록 당신의 의도에서 벗어나 엉망진창이 되기 쉽다.

'어떻게 하면 사업을 계량화할 수 있을까?'

사업가는 이 고민에서 자유롭지 못하다.

당신이 외식 사업을 한다고 가정해보자. 다행히 음식과 서비스가 일품이라고 입소문이 났다. 지점을 여러 곳에 내고 직원 수도 늘어났다.

이때부터 당신은 분명 큰 문제에 봉착한다.

당신이 제공하는 외식 서비스의 핵심 콘셉트는 '폭포처럼 쭉 늘어나는 모차렐라 떡볶이'인데, 대리점 점주는 크림과 치즈 비율을 무시한다. 치즈가 늘어나기는커녕 떡볶이 국물과 섞여 치즈 국을 만들어 버린다. 모차렐라 치즈를 좋아하는 소비자들은 이 가게에 불만을 터트린다. 당신이 사업가라면 이 문제를 어떻게 해결할 것인가?

이 사례는 실제로 모 업체에서 벌어진 일이다. 다행히 그 업체는 적극적으로 고객들과 소통하면서 개선책을 마련했고 매장 대부분이 품질 계량화에 성공했다. 문제가 발생했을 때 완벽하지 않아도 해결책을 찾아보려고 노력할 때 '사업가의 생각'에 가까워질 수 있다.

사업에서 계량의 중요성을 일깨워주는 대표적인 사례가 있다. 바로 버거킹(Burger King)이다. 버거킹은 맥도널드 레스토랑의 성공에 자극받은 매튜 번즈, 케이스 크래머가 시작한 햄버거 프랜차이즈 회사다. 그들은 재정적인 문제에 부닥치자 버거킹 지점을 운영하던 데이비드 에드거튼과 제임스 맥라모어에게 사업권을 모두 매각했다. 이후 사업권을 넘겨받은 두 사람은 미국 전역으로 가맹점을 늘려나갔다.

맥도널드가 직접 부동산을 매입하고 가맹점을 세운 뒤 점주에게 가게를 임대하는 방식으로 운영했던 것과는 달리 버거킹은 점주가 자유롭게 가게를 운영하게 했다. 이 전략은 초기에는 들어맞았다. 맥도널드보다 빠르게 가맹점 수를 늘릴 수 있었다. 1967년 당시, 버거킹의 가맹점 수는 274개로 늘어났다. 그런데 햄버거의 품질 등 많은 문제가 쏟아져 나왔다. 결국 데이비드와 제임스는 회사를 필스버리 컴퍼니에 매각했다.

필스버리 컴퍼니는 버거킹의 문제를 해결하기 위해 매우 효과적인 방법을 동원했다. 맥도널드의 전 임원이었던 도널드 스미스를 영입해 맥도널드의 중앙통제 방식으로 회사 시스템을 바꿨다.

사업의 규모가 커지면 다른 점포에서 말단 직원이 무슨 일을 하는지 일일이 알 수가 없다. 버거킹의 창업자와 두 번째 경영진은 모두 문제 해결에 실패했고, 사업권을 팔아야만 했다. 이러한 계량의 문제는 외식 사업에만 해당하는 이야기가 아니다.

이번엔 내가 실제로 겪었던 어느 개인 병원의 이야기를 해보겠다.
이 병원에는 30~50개의 납품업체가 난립해 있었다. 이 문제는 병원의 정상적인 경영을 가로막는 암초 같은 것이었다. 이는 병원장의 개인적 판단과 특정 업체를 기능적 차원에서 선호하는 것이 결합해 해결하기 힘든 난제처럼 보였다.

'어떻게 하면 병원의 납품을 맡은 소규모 업체를 하나로 통일할 수 있을까?'

SCM(Supply Chain Management)을 도입하고 병원에 납품되는 모든 물건의 표준단가를 만들어야 했다.

첫째, 표준단가를 책정하기 위한 별도 법인을 만들었다. 이 법인을 통해 납품업체에 표준단가를 제시했다.

둘째, 의약품 도매업을 사업 영역에 추가했다. 이로써 정확한 단가를 파악하고 유통업자의 중간 이윤을 제거하여 의약품 공급 가격을 낮추었다.

그리고 '사회공헌사업'을 연계해 병원을 쥐고 흔드는 '공급자의 유혹과 덫'에서 벗어날 수 있었다.

28 하루에 9번 멈췄던 공장은
어떻게 문제를 해결했을까?

 사업에서 계량화의 중요성을 보여주는 또 하나의 사례가
있다.

휴맥스는 1989년 설립된 디지털 셋톱박스 전문업체다. 2010년 매출
액 1조 원을 넘긴 1세대 벤처 기업이다.

휴맥스는 2001년 이후 4년간 매출액이 3천억 원대에 머무르다가
2004년에는 매출이 42억 원으로 급격하게 줄어들었다. 그 원인은 무엇
이었을까?

한마디로 비계량적인 성장에 문제가 있었다. 자재 결품, 생산 계획
변경, 생산 도중 불량 발생 등으로 하루에도 몇 번씩 공장이 멈춰 섰다.
자재를 잘못 발주해 필요하지 않은 재고가 넘쳐나는 일이 다반사였다.
장부에 기록된 부품 재고는 1,000개인데 실제로는 100개밖에 없어 기
계가 돌아가려는 찰나에 생산 계획을 바꾸는 일도 허다했다. 누가 무슨

일을 하는지, 프로젝트의 진행 상황은 어떤지, 제때 납품은 가능한지조차 알 수 없는 상황이 빈번하게 발생했다.

휴맥스는 창업 초기의 열정과 패기만으로는 조직을 운영하기 힘들 정도로 회사가 커졌다. 하지만 그에 걸맞은 내부 시스템을 체계화하지 못해 많은 문제가 발생했다.

개발팀과 영업팀, 구매팀 등 각 부서는 서로를 신뢰하지 못하는 지경에 이르렀다. 심지어 해외법인 간에도 투명한 정보 공유에 기초한 협력은 온데간데없고 서로 속이고 경쟁하는 사례가 비일비재했다. 급기야 회사 초창기 멤버가 모여 '생구알마'라는 비공식 회의를 조직해 제대로 된 정보를 공유하는 어처구니없는 일까지 벌어졌다. '생구알마'란 생산, 구매, R&D, 마케팅의 앞 글자를 따온 것으로, 4개 부서 핵심 실무자들이 일주일에 한 번씩 모여서 실제 일정과 정확한 주문 수량 정보를 공유하는 자리였다.[1]

휴맥스는 이 문제들을 해결하기 위해 조직 혁신을 담당하는 별도 부서인 혁신실을 만들었다. 해당 부서의 직원은 전문기관에서 교육을 받으며 조직관리, 공정관리 등을 집중적으로 파고들었고, 매주 학습한 내용을 회사 대표에게 보고하는 방식으로 1년가량 공부했다. 말로만 경영 혁신을 외친 것이 아니었다. 한번 조직원의 신뢰를 잃으면 아무리 좋은

---

1 〈동아비즈니스리뷰〉 2013년 8월호

경영 방법이라고 해도 적용하기가 불가능하다고 판단했기 때문에 이런 결정을 내린 것이다. 휴맥스는 이렇게 충분한 학습 과정을 거친 뒤 업무 계량화에 들어갔다.

업무 계량화의 핵심은 어떻게 보면 간단했다. 각 단계의 공정을 체계적으로 검수하고, 문제가 있으면 당장 일이 늦어지더라도 업무를 멈추고 그것을 해결한 뒤에, 다음 일을 진행하는 방식으로 업무 프로세스 전체를 바꿨다. 즉, 하루에 아홉 번 멈췄던 공장을 개선하는 대책의 핵심은 '공장이 멈출까 봐 두려워 문제를 감추는 사람들을 멈추게 만드는 것'이었다.

당연한 해결책이라고 생각되는가? 당연히 그랬어야 하는데, 당연한 일이 지켜지지 않는 것이 사업이기도 하다.

문제를 감추려는 것은 인간의 본성이다. 게다가 회사에 다니고 월급으로 생계를 유지해야 하는 회사원으로서는 그것이 당연한 것일 수도 있다. 하지만 이러한 당연한 사실도 사업가의 위치에 서 있으면 명확하게 와닿지 않을 수도 있다. 그러니 사업가는 항상 사람들의 고정관념을 이해하고 활용할 수 있어야 한다.

고정관념은 김치에 고춧가루가 들어가듯 매우 자연스럽고 오랜 경험을 통해 만들어진 것이다. 그렇게 하라고 처음부터 누가 정해놓은 것은 아니지만, 고정관념이라는 하나의 '틀'로 복잡한 선택의 문제를 빠르고 쉽게 해결하는 것이다. 이러한 사람의 본성을 이해하지 않으면 애초에 '브랜드'가 만들어질 수 없다. 브랜드는 오랜 시간에 걸쳐 만들어진 고정관념이다. 이미 우리 머릿속에는 삼성과 애플에 대한 고정관념이 깊게 자리 잡고 있다. 이를 통해 소비자들은 어렵지 않게 지갑을 여는 것이다.

반대로 이 고정관념이 한번 잘못 자리 잡게 되면 여간해서는 이를 바꾸기가 어렵다. '남양'이 대표적이다. 이 회사를 떠올리면 곧바로 '갑질'이 생각나고, 최근에는 불가리스가 코로나 억제 효과가 있다고 발표해 식약처로부터 고발당하면서 못 믿을 회사라는 '불신'의 이미지까지 덧입혀졌다.

브랜드를 중요시하는 회사는 고정관념 때문에 아예 판매를 제한하는 경우도 있다. 우리가 익히 아는 명품 브랜드 '버버리(Burberry)'는 1990년대 영국의 이른바 차브족(Chav, 고급브랜드 및 상류 문화를 저질스럽게 즐기는 하층민 출신 비행 청소년 집단)에 의해 소비되면서 문제가 되었다. 차브족들은 버버리의 체크무늬 야구 모자를 자신들의 상징처럼 활용했는데, 이 때문에 버버리는 제품 생산을 중단했다. 프라다(Prada) 역시 이들이 즐겨 신는 검은색 운동화를 영국에서 판매하지 않기로 했다.

명품 패션 업계에서는 "학생이 사서 입으면 그 브랜드는 망한다."라는 이야기가 있다. 브랜드의 가치 즉 희소성을 유지하기 위해선 대중과 적절한 거리를 두어야 한다는 것이다. 그래서 보테가 베네타(Bottega Veneta) 같은 패션 회사는 대중과 거리를 두기 위해 SNS 계정을 없애버렸다.

사업하면서 흔히 하는 실수 중 하나는 '협찬'이다. 공짜로 물건을 풀어서 많은 사람에게 알리면 판매 진작에 도움이 될 거로 생각하는 것이다. 이때 고정관념이라는 필터로 생각해보자. 내가 소비자라면 이렇게 말할 것 같다.

"공짜로 주는 물건인데 뭐 하러 돈 주고 사?"

이 말에 제대로 반박할 수 없다면, 공짜 전략이 그리 좋지 않은 것이다.

사업가의 계량컵은, 말 그대로 계량컵의 역할처럼 고정되어 있어야 하고, '고정 관념을 담기 위한 컵'이 되어야 한다. 고정관념을 이해하고 얼마나 어떻게 사용할 지에 따라 '사업 레시피'는 완전히 달라진다.

29 당신의 사업을
하나의 색으로 정의한다면?

대표적인 고정관념 중 하나가 색상이다. 인간은 미적 감각을 본능적으로 가지고 태어난다. 생후 수개월 내에 기초적인 색에 반응하고 2세부터 5세 사이에 색상을 분별한다. 그 이후에는 색에 대한 고정관념으로 세상을 인식한다. 이를 사회적으로, 상업적으로 이용하기도 한다. 따라서 가장 강력한 고정관념은 '색'이라고 할 수 있다.

우리가 익히 알고 있듯, 색과 빛에는 3원색이 있다. 색의 3원색은 색의 혼합을 통해 여러 가지 다른 색을 만들 수 있는 3가지 색이다. 빛의 3원색은 빨강, 초록, 파랑의 빛을 겹쳐 비출 때 가장 많은 가지 수의 색깔을 만들기 때문에, 이 세 가지를 빛의 3원색이라고 한다. 색과 빛의 3원색이 왜 사업에 중요할까?

오프라인 매장인 음식점을 생각해보자. 음식 맛이 중요하지만, 조명도 간과해서는 안 된다. 음식을 먹고 싶게 하는 조명의 온도와 높이가 정해져 있다. 병원은 어떤가? 들어서자마자 따뜻함은 없고 뭔가 으스스한 느낌을 주는 병원이라면 진료를 받고 싶지 않을 것이다. 색상과 조명의 중요성을 전혀 모르고 오로지 사업 아이템에만 매달린다면 당신은 뭐가 문제인지도 모르고 딱히 잘못한 것도 없는데 사업에 어려움을 겪을 수도 있다.

패션 브랜드 매장에서 매대 진열만큼이나 신경 써야 할 곳이 있다. 피팅룸이다. 진열된 옷을 살펴보고 그냥 사는 고객은 20%밖에 안 되지만, 피팅룸에 들어가서 한 번이라도 옷을 입어본 고객 중 80%는 옷을 구매한다.

오프라인 매장을 제대로 운영하고 싶다면, 반드시 색과 조명, 피팅룸, 화장실 등에 문제가 없는지 꼼꼼히 살펴보자.

회사 로고의 색상

네이버(Naver) 로고는 녹색이고, 카카오(Kakao)의 로고는 노란색이다. 다음(Daum)의 로고는 무슨 색인가?

즉각적으로 떠올렸다면 다음(Daum)에서 좋아했겠지만, 대부분은 희미하게 생각했을 것이다. 다음 로고의 색상은 구글 로고의 색상과 비슷하다. 그래서 기본 구글 로고나 최근 바뀐 지메일(Gmail)의 알록달록한

로고는 전통적인 디자이너들에게 그리 좋은 평가를 받지 못한다.

하지만 구글은 애초에 그런 일반적인 평가에는 관심이 없는 엔지니어 중심의 회사인 데다가, 명확히 정의되는 하나의 컬러에 (일종의 위계질서 아래에) 자신들의 정체성을 묶어 둘 생각이 없었던 것이 아닐까. 즉, 의도적으로 고정관념을 주고 싶지 않았던 것이다.

대신 구글은 자신들의 로고를 전 세계 기념일에 맞춰 정말 다양하게 바꿔왔다. 로고를 제작하기 위해 많은 디자이너가 참여했고 형식에 구애받지 않은 다채로운 디자인들이 나오게 되었다. 이렇게 만들어진 로고들만 정리해 따로 모아놓은 '기념일 로고 자료실'이 있을 정도다. 이것을 들여다보기만 해도 구글이 어떤 사업을 어떻게 하는 회사인지 미루어 짐작할 수 있으리라.

당신이 추구하는 사업의 색은 무엇인가?

고정관념의 계량컵을 활용하면 복잡한 것을 명확하게 하나로 정의할 수 있다. 구구절절 설명할 필요 없이, 단 하나의 색상으로 정의를 내려보자.

참고로, 1937년에 사업을 시작한 크리스피 크림 도넛은 정해진 시간에 무료 시식 이벤트를 지금도 꾸준히 한다. 이 시간이 되면 빨간 네온 사인에 'HOT NOW' 불이 켜진다. 이것은 따뜻한 오리지널 글레이즈드가 막 나왔다는 신호이며, 무료로 도넛 하나를 먹을 수 있다는 의미다. 미국에서는 이 불이 켜지면 반대편 차선의 차들도 유턴해 올 정도라고 한다. 이러한 판매 전략을 지금도 본사 차원에서, 전 세계에서 유지하고 있는 곳은 크리스피 크림 도넛이 유일하지 않을까 싶다.

크리스피 크림 네온사인

30 본질을 추구하되 전략적으로 비(非)본질을 이용하라

고정관념이 재료라면, 레시피는 이를 다루기 위한 공식이다. 공식을 아무리 많이 외운다고 해서 수학자가 되는 것은 아니듯, 레시피만 안다고 해서 곧바로 셰프가 될 수는 없다. 마찬가지로 사업의 핵심 아이템이 아무리 좋다고 해도 그것만으로는 성공할 수 없다.

예를 들어보자. 당신이 팔려는 것이 '콩나물국밥'이라고 가정해보자. 콩나물국밥을 맛있게 만드는 건 기본이다. 아무리 잘 만들어도 이것만으로 손님을 끌어모을 수는 없다. 콩나물국밥집의 성공은 비본질적인 것에 있다고 말할 수 있다. 국밥과 함께 나오는 반찬 즉 김치나 깍두기가 전략적으로 매우 중요하다.

여기서 한 발 건너뛰어서 사회적인 이야기를 해보자.

대한의사협회가 의사들의 권익 향상을 위해 의료법을 개정하려고 한다. 협회는 정책의 필요성을 정리하여 보건복지부 공무원을 찾아가 제도 개선을 건의할 수 있다. 이것으로 협회의 본질적인 기능을 수행했다고 볼 수 있다. 하지만 정부는 협회가 주장한 법을 받아들일 수 있을까?

정부 입장에서는 법을 개정하기 위한 명분(국민적 공감대 등)이 필요하다. 또한 제도를 실행할 만한 행정력을 갖췄는지까지 고려해야 한다. 이런 상황에서 정부가 해야 할 일을 협회가 대신해 준다면 어떨까?

협회는 다양한 환우 단체를 찾아가 법안이 의사들의 권익 향상뿐만 아니라, 환자들에게도 도움이 된다는 취지를 설명하고 우호적인 지지를 받아냄으로써 법안과 상충하는 집단이 없음을 환기할 수 있다. 언론을 통해 그동안의 법적 미비로 인한 폐단을 소개하여 국민적 공감을 얻어낼 수도 있다. 국회에서 관련 상임위 국회의원들과 소통하며 법 개정에 대한 지지를 미리 얻어냄으로써 정부의 부담을 경감해 줄 수도 있다. 예산이 수반될 때 재원 마련까지 고민한 흔적이 보태진다면, 공무원으로서도 한결 검토하기 쉽다.

협회가 굳이 이 모든 일을 다 해야만 하는 것인가 하는 의구심도 들 것이다. 하지만 목적을 달성하기 위해서는 협회나 사업 모두 '본질적'인 것만큼이나 '비본질적' 접근도 중요하다.

31 효율이 비효율을, 비효율이 효율을 만들어 낼 수 있다

우리는 '효율적'인 것을 일방적으로 찬양하고, 그것에 맞춰서 움직이려 한다. 여기서 한 가지 오해가 빚어진다. '계량화'와 '효율성'을 유사어처럼 생각하는 것이다.

계량화는 불필요한 것을 없애고, 창조적인 생각을 할 수 있도록 기본적으로 꼭 지켜야만 하는 최소한의 기준을 만드는 것이다. 오직 필요한 것만 생각하라는 것이 아니다. 사업에는 효율적으로만 사고하면 굳이 하지 않아도 될 온갖 비효율적인 것들이 들어간다.

예를 들면, 제품의 패키지가 그런 것 중 하나다. 내용물만 좋으면 되고 상하지 않게만 하면 전부 아닌가. 물론 그렇지 않다. 제품 패키지 또한 상품의 일부다. 애플이 패키지 디자인에 지속해서 공을 들이는 모습을 보면, 때로는 이렇게까지 해야 하나 싶을 정도의 집착이 엿보인다. 정말 효율성만을 따지면 이렇게 해야 할 이유가 있는가? 애플 제품은 안 그래도 사줄 사람들이 있을 텐데 말이다.

야생 꿀벌 실종 사건

우리는 효율은 좋은 것, 비효율은 나쁜 것이라고 배웠다. 하지만 '사업'의 관점에서 '효율'을 강조하는 것은 조직의 탄력성을 망가뜨리는 가장 큰 원인이다. 더 나아가 효율성은 지구 생태계의 일부를 망가뜨리기도 한다.

이와 관련한 대표적인 사례가 있다. 2017년 미국 아몬드 재배 농가에서 벌어진 '야생 꿀벌 실종 사건'이다. 한때 아몬드는 미국의 여러 지역에서 재배되었다. 하지만 캘리포니아 센트럴밸리가 아몬드 재배의 최적지로 정해진 뒤 사실상 아몬드 생산지가 한곳으로 집중, 단일화되었다. 전 세계 아몬드의 80% 이상이 이곳에서 생산된다.

느슨했던, 비효율적인 과거 산업의 구조가 제거되면서 어떤 일이 벌어졌을까?

한정된 장소에서, 한정된 시간에 대량의 수분이 이루어져야 했다. 야생 꿀벌들만 가지고는 이를 해결할 수 없었다. 어쩔 수 없이 아몬드 재배를 위해 비싼 돈을 들여 미국 전역의 양봉업자로부터 벌통을 빌렸다. 여기에는 2008년부터 진행된 중국산 꿀 덤핑으로 미국 내 양봉업자들이 심각한 타격을 입게 된 것도 한몫한 것으로 보인다. 양봉업자들은 생계를 유지하려고 꿀 채집이 아닌, 수분을 위해 벌통을 빌려주는 것을 주된 생계 수단으로 삼았다.

이렇게 벌이 한곳에 모여들자 벌들 사이에 전염병이 빠르게 번지기 시작했다. 캘리포니아 아몬드 농가는 꽃의 수분에 핵심 역할을 하는 야생 꿀벌이 대부분 사라지는 타격을 입었다. 이제 이 산업은 단 한 번의 치명적인 바이러스만 퍼지면 '빠르게 붕괴하는 효율적 구조'가 되었다. 느슨한 산업구조가 제공해주었던 자연적 보호 수단이 사라져버린 것이다.

이 이야기는, 창의적이었던 회사가 대형 기업에 인수되고, 이른바 효율적인 조직체계를 갖추면서 마치 바이러스에 감염되듯 빠르게 망가져 버리는 과정과 다르지 않다. 몸집이 커지면서 인수 회사에서 선발한 인원들이 사내로 들어오고, 이들과 원년 멤버의 분쟁은 필연적으로 사내 정치를 만들어낸다. 이에 환멸을 느낀 원년 멤버들이 하나둘씩 회사를 나가고, 회사가 본래 가지고 있던 희소성은 과거의 유산만을 남기고 사라진다.

도시바의 몰락

회사의 '경직된 효율성'은 미래 산업의 핵심 동력을 사실상 손에 넣은 상태에서 이를 스스로 내던져버리는 패착으로 이어지기도 한다.

대표적인 사례가 '도시바(Toshiba)'의 몰락이다. 낸드 플래시 메모리를 처음으로 개발한 세계적 메모리 반도체 회사가 어쩌다가 이렇게 된 것일까?

낸드 플래시는 버블 경제와 맞물려 있던 때에 도시바의 느슨한 사풍 속에서 '마쓰오카 후지오'가 개발했다. 그 당시 도시바는 기술자에게 대단히 관대했고, 기술자 특유의 고집을 이해하고 관리할 수 있는 사람들이 임원으로 일했다. 하지만 도시바는 낸드 플래시를 사업화할 생각이 전혀 없었다. 이유는 간단했다. 도시바는 디램(DRAM)과 하드디스크 장사가 너무 잘 됐고, 오로지 이것에만 정신이 팔려있었기 때문이다.

도시바는 마쓰오카 후지오를 지켜주던 연구팀 소장이 타계하자 그가 어떤 연구도 하지 못하게 비연구직으로 명목상 승진을 시켜주었다. 그에게 책상 하나를 주고 온종일 가만히 앉아있다가 퇴근하게 만드는 만행을 저질렀다. 게다가 도시바는 낸드 플래시 기술 중 상당 부분을 '다른 회사'에 공개해버렸다. 그 회사는 삼성이었다. 마쓰오카 후지오는 자신이 개발한 기술이 빛도 못 보고 삼성에 넘어가는 것을 지켜본 뒤 2년이 지나서 퇴사했다.

그 당시 낸드 플래시는 뜬구름 같은 제품이었다. 하지만 시간이 지나면서 시장이 바뀌고 상황이 달라졌다. 비효율적이라 치부했던 기술이 미래 시장의 열쇠로 급부상했다. 마쓰오카 후지오는 후일 '주목받지 못한 영웅(Unsung hero)'이라는 제목으로 미국 〈포브스〉지의 표지 주인공이 되기도 했다. 결과적으로 도시바는 메모리 사업에서 시장을 빼앗겼고, 원전 사업에 손을 댔다가 완전히 몰락했다.

빙그레 바나나맛 우유

사업에서 '효율'과 '비효율'은 긍정과 부정, 선과 악처럼 구분하여 정의를 내릴 수 있는 개념인가? 효율은 반드시 성공하고 비효율은 반드시 망하는가? 사업이 성공하는 것을 놓고 보면 그렇게 딱 잘라 말할 수 없다.

빙그레의 '바나나맛 우유'를 예로 들어보자.

빙그레는 본래 아이스크림이 주력이었던 회사였다. 하지만 아이스크림은 겨울에는 잘 팔리지 않았고, 이에 아쉬움을 느낀 빙그레는 아이스크림을 만들던 원유가 있으니 그 원유를 그대로 팔아보려 했다. 그래서 4가지 종류의 유제품(흰 우유, 딸기, 초코, 바나나맛)을 시장에 내놓았는데, 바나나맛 우유는 이때 함께 나온 우유 중 하나였다.

우리는 바나나맛 우유 하면 곧바로 항아리 모양의 용기를 떠올리지만, 이때만 해도 빙그레 유제품은 다른 회사의 용기와 큰 차이가 없었다. 빙그레는 이미 유제품 시장을 꽉 잡고 있던 서울우유, 매일유업 같은 경쟁업체 사이에서 살아남기 위해 프리미엄 전략을 동원했다. 소비자들에게 확실하게 각인시키기 위해 새롭게 만들어진 것이 지금의 항아리 용기였다.

이 뚱뚱한 용기는 모든 것이 비효율 그 자체였다. 윗부분과 아랫부분을 따로 만들어서 접합해야 하는데, 여기엔 어떤 접착제도 사용되지 않았다. 상단부와 하단부를 빠르게 회전시켜서 마찰열로 붙여야 했다. 이

장비를 국내에서는 만들 수 없어서 독일에서 들여와야 했다. 그 당시에는 폴리스티렌을 제품 용기로 쓰는 곳도 빙그레 외에는 없어서 가격도 비쌌다. 슈퍼에 진열하기도 어려워 항의도 많이 받았다. 빙그레는 어쩔 수 없이 바나나맛 우유만 항아리 용기를 쓰고 나머지 우유에는 적용하지 않기로 했다. 프리미엄 전략을 유지하기 위한 어쩔 수 없는 결정이었다.

그런데 이 결정 덕분에 바나나맛 우유는 어느 회사에서도 볼 수 없는 희소성을 가진 상품이 되었다. 또한 바나나맛 우유는 1970년대부터 확산된 공중목욕탕에서 '목욕탕에 가면 엄마 아빠가 사주는 음료'로 7080 세대들의 머릿속에 강렬하게 각인되었다. 이 세대들이 성장하여 어렸을 적 제품들을 추억할 나이가 되자, 빙그레는 별다른 광고도 하지 않았던 이 제품을 광고하며 노를 젓기 시작했다. 바나나맛 우유의 매출은 2018년을 기준으로 2,000억까지 상승했고 이는 같은 연도에 8,552억이었던 빙그레의 총 매출 중 23%에 달했다. 비효율 그 자체였던 바나나맛 우유는 빙그레를 대표하는 효자 상품이 되었다.

32 창의적 사고가 깃드는 탄력성을 확보하라

미국 샌프란시스코를 방문했을 때 효율과 비효율에 대해 한 번 더 생각하는 경험을 했다. 화장실에 가려고 한 건물에 들어갔다가 우연히 탁구를 하는 두 노인을 보았다. 그런데 이상한 '탁구대'가 눈에 들어왔다. 사각형의 익숙한 탁구대가 아니라 육각형 탁구대였다. 왜 탁구대가 육각형이지?

두 노인이 탁구를 하는 모습을 보니 충분히 이해할 수 있었다. 좁은 탁구대에서 공을 넘기다 보면, 옆으로 빠져버리기 일쑤다. 스핀을 사용하면 공 한 번 제대로 맞히기도 어렵다.

노인들을 위한 탁구대에 반드시 국제기준이 필요한가?
누구든 공을 땅에 떨어뜨리지 않고 즐겁게 운동할 수 있다면 그것으로 충분하지 않은가?

육각형 탁구대

만약 그 당시에 내가 노인복지관에 탁구대를 기증하기로 마음먹었다면, 아무런 고민 없이 직사각형의 공인 규격에 맞는 탁구대를 들여놓으려 했을 것이다. 그래야만 제대로 된 시설을 갖춘 것으로 생각했을 것이다. 나는 육각형 탁구대를 바라보며 왜 저런 생각을 하지 못했을까 반성했다.

나는 주변 사업가들에게 효율성을 경계하고, 효과적인 방향을 찾으라고 말할 때 육각형 탁구대 얘기를 한다. 그러면서 창의적 사고가 깃들 수 있는 탄력성을 확보하라고 권한다.

탄력성은 어떻게 만들어질까?

다음 3가지 내용은 내가 정해놓은 원칙이니 참고만 하고, 앞으로 더 뛰어난 사업가가 될 당신만의 원칙을 만들어가기를 바란다.

❶ 필요 이상으로 사업 규모를 키우지 마라

사업이 성공하면 규모가 확장되는 것은 자연스러운 일이다. 하지만 사업가는 확장하는 시기에 경계할 것들이 있다. 사업의 규모가 커지면 탄력적으로 움직이기 어렵다.

바둑으로 말하자면, 집짓기에만 열중하다가 대마를 놓치고 몰살당할 수도 있다. 프로 바둑 기사들도 사소한 실수를 한다. 이 사소한 실수 하나로 승패가 뒤집힌다.

사업 규모가 커지면 크고 작은 실수와 예상치 못한 일들이 더 많이 일어날 수밖에 없다. 사업을 확장하고자 한다면 그만큼의 위기관리 능력이 따라주어야 한다. 높은 건물이라면 소방차의 사다리 역시 높아야 한다. 그것마저도 한계가 온다면 자체적인 방재시설을 마련해야 한다. 사업에도 이러한 안전관리 개념이 꼭 필요하다.

❷ 필요 이상으로 투자에 매달리지 마라

어떤 회사들은 고집스럽게 비상장회사로 운영된다. 심지어 일부러 상장을 폐지하고 비상장회사로 되돌아가기도 한다. 2015년 전경련에서는 600여 개 기업이 코스피 상장 요건을 갖추고 있었지만 단 7개 기업만이 상장했다고 밝힌 적이 있다.

필요 이상으로 투자를 받는 것에 매달리기보다는 돈의 흐름이 내 사업으로 알아서 흘러 들어오게 물꼬를 만드는 데 힘을 기울여야 한다. 이를 통해 의사결정 과정의 단계를 줄이고 탄력성을 확보할 수 있다.

페이스북의 창업 과정을 둘러싼 실제 이야기를 다룬 영화 〈소셜 네트워크〉에는 투자와 관련된 일화가 나온다. 페이스북 창업의 배경에는 타일러 윙클보스 형제의 아이디어, 왈도 세브린의 초기 투자금이 있었다. 그런데 마크 저커버그는 나중에 새로운 투자자를 받아들여 초기 투자자이자 친구였던 왈도의 지분을 0.03%로 희석시킨다.[1] 보통 사람의 눈에는 마크 저커버그가 희대의 악당처럼 보이겠지만, 사업가의 관점에서 본다면 그는 정말 뛰어난 사업가였다. 그는 SNS 사업의 가치와 방향을 누구보다 확실히 알고 있었다. 왈도와 마크의 이야기를 사업가의 관점에서 살펴보자.

마크: 예상 밖으로 서버가 필요해. 프로그래머와 돈이 더 필요해. (중략)

왈도: 뉴욕에서 지하철 14시간 타며 광고주를 찾으려 했어!

마크: 그래, 그 결과가 뭐야?

왈도: …

사업가의 관점에서 바라보면, 페이스북 투자자를 뉴욕에서 찾은 것 자체가 잘못이다. SNS 서비스에 투자를 받기 위해서는 실리콘밸리에

---

1 마크 저커버그는 왈도 세브린과의 계약서에 반희석 조항(Anti-dilution)을 고의로 명시하지 않았으며, 왈도는 이 사실을 뒤늦게 알게 된다.

서 엔젤투자자를 만나야 했다. 또한 앞서 마크가 말했듯 서버, 프로그래머, 돈이 절실한 상황이었음에도 왈도는 이 사실을 전혀 이해하지 못하고 '광고주'를 구하고 있었다.

SNS 서비스는 말 그대로 사회관계망을 근간으로 하는 것이다. 서버가 잠시라도 멈춘다면 큰 타격을 입는다. 당장 서버가 멈출 상황인데 광고가 도대체 무슨 의미가 있단 말인가?

당시만 해도 페이스북은 잘 알려지지 않은 웹사이트에 불과했다. 여기에 누가 광고를 하겠는가. 당시 페이스북은 어디까지나 스타트업이었던 만큼 마크는 전통적 의미의 광고를 넣을 생각이 전혀 없었다. 광고는 페이스북이 SNS 시장에서 일정 단계의 점유율을 넘었을 때 해도 될 문제였다. 그런데도 왈도는 '자신이 아는 단 하나의 방법'인 '광고'만을 고집한 것이다. 그러다 보니 왈도는 페이스북의 SNS 서비스가 어떻게 이뤄지는지, 무슨 의미가 있는지조차 전혀 이해하지 못하고 있었다. 이 역시 영화에서 명확히 드러난다. 왈도의 애인은 그에게 페이스북에 적혀있는 '관계'(relationship)[2]를 따져 묻는다.

애인: 네 페이스북의 관계가 왜 '싱글(독신)'로 되어 있어?

왈도: 뭐?

애인: 페이스북 페이지의 관계 상태가 왜 '싱글'로 나오냐고?

---

2 페이스북 웹페이지 내 한국어 번역으로는 '결혼, 연애 상태'를 말한다.

왈도: 처음 개설할 때 싱글이었지.

애인: 바꾸려고도 안 했어? 이유가 뭐야?

왈도: 방법을 몰라.

애인: 내가 바보로 보여? CFO(기업 내 최고 재무관리자)가 관계 상태를 바꾸는 법을 모른다는 말을 나보고 믿으라고?

잘되는 사업가를 목표하고 있는 당신에겐 이 상황이 어떻게 그려지는가? 왈도가 한심한 바보처럼 느껴지는가? 누구나 왈도와 비슷한 잘못을 저지를 수 있다. 투자에 매달리다 보니 정작 SNS 사업의 본질에는 관심을 두지 못했고, 회사 서비스의 간단한 기능조차 아는 게 없었다. 영화와 실제는 다르겠지만 영화만을 놓고 냉정하게 사업가의 관점으로 보면 왈도는 CFO로서 무엇 하나 제대로 한 게 없었다.

❸ 필요 이상으로 좋은 일자리를 만들어라

사업가에게 첫 번째 재산은 사람이다. 이 말이 당신에게는 어떻게 들릴지 알고 있다. 정말 낡고 틀에 박힌 말처럼 들릴 것이다. 하지만 생각을 다르게 해보자.

우리는 막연히 '많은 돈'을 벌기를 원한다. 정확히 그 기준을 얼마에 둘 것인지는 고민하지 않는다. 내가 기준 금액을 대신 정해준다면 10억 정도의 자산(부동산, 현금 등)이 가장 현실성 있는 금액이라고 본다. 이 정도면 큰 낭비를 하지 않는 이상 먹고 사는 데는 문제가 없을뿐더러 심리적으로도 안정감이 높을 수 있다. 그렇다면 이 금액을 달성한 뒤에는 무엇을 할 것인가?

의외로 많은 사업가가 이 부분에서 망설이고 대답을 하지 못한다. 정말 죽어라 하고 노력하면 그 사업이 아무리 사양산업이라도 방법을 찾아낼 수 있고, 못해도 10억 정도는 벌 수 있다고 본다. 10억을 버는 데 10년 걸렸다고 가정하면 1년에 1억을 번 것이다. 40세에 사업을 시작했다면 50세이다. 아직 살아갈 날이 한참 남았다. 이 돈으로 무엇을 할 것인가?

일단 돈을 모으고 그때 가서 생각하겠다고? 냉정하게 말해서, 안 된다. 10년 뒤의 당신은 지금의 당신과 다르다. 10년이란 시간 동안 당신이 사업하면서 어떤 고통을 겪게 될지 나는 분명히 알고 있다. 10억은 당신이 사업을 일으키기 위해 감내해야 했던 고통을 보상받기에는 참으로 미묘한 금액이다. 그래서 나는 거의 모든 사업가에게는 이른바 '10억의 현타(현실 자각 타임)'가 찾아온다고 말한다. 때에 따라서는 심한 우울증이 올 수도 있다.

하지만 어려운 가운데서도 좋은 일자리를 만들고자 노력한 사업가는 함께 일하고 싶은 좋은 직원들이 회사에 있기에 계속해서 사업을 하게 된다. 정말 좋은 직장은 직원들이 나서서 사장을 독려하고 회사를 지키려고 한다. 훗날을 위해 기억해두자. 10억을 번 사업가가 달성할 수 있는 성취라는 건 이것 하나뿐이다.

직원과 사장 모두 지키고 싶은, 100억의 가치를 가진 직장을 만드는 것이다.

이것은 돈으로 평가하기 힘든 자산이다. 이를 위해서는 직원과 사장이 함께 캐치볼을 하듯 탄력성이 있는 회사를 만들어야 한다. 나도 이 사실을 알고 있기에 좋은 직장을 만들기 위해 누구보다 노력하고 있다.

33 사업은 계량화로, 고객 서비스는 비계량화로

사업을 계속하여 계량화하되 잊어서는 안 되는 것이 있다. 고객 서비스의 향상이다. 이것은 비계량적으로 접근해야 한다.

예를 들어보자. 병원에서 환자들의 대기열이 길어지면(대학병원처럼 모두 다 참고 기다려야만 하는 상황이 아니라면), 환자들은 짜증을 낸다. 아무리 그 병원이 좋은 의료기구를 이용해 치료한다고 해도 이는 일반 고객들이 전혀 알지도 못하고 알고 싶은 내용도 아니다.

이때 대기열이 길어서 짜증을 내는 고객들에게 "대기열이 길어지고 있어서 죄송합니다."라는 말과 함께, 커피 혹은 차를 대접하는 서비스를 생각해 볼 수 있다. 너무 쉽다고? 이를 실제로 하는 병원이 정작 얼마나 있을까?

이 서비스는 의료와는 무관하다. 계량적으로 본다면 사업에서 반드시 해야만 하는 것은 아니다. 하지만 하면 더 좋은 것이다.

고객 서비스 비계량화의 사례로 아마존을 빼놓을 수 없다. 실제로 아마존에서 인턴으로 일한 경험이 있는 사람들은 공통적으로 이런 얘기를 한다.

매니저와 프로젝트에 대해 논의하던 중에 "이런 기능을 추가하면 아마존의 수익성이 떨어지지 않나요?"라고 질문했다. 그때 매니저는 전혀 주저하지 않고 "고객이 원한다면 수익성은 포기해도 된다."라고 대답했다. 이러한 발칙한 발상이 아마존에서는 상식이다. 아마존에서는 '고객에서부터 시작하라. 나머지는 그다음이다(Start with the customer and work backwards)'라는 고객 중심 경영 원칙에 대해서 끊임없이 교육받는다.

한편, 반대의 사례도 있다. '넓은 관점의 고객 서비스'로 할 수 있지만, 하지 않는 것이 더 좋을 때도 있다. 닌텐도의 이와타 사토루 사장[1]의 이야기를 들어보자.

일본에서 지진이 발생한 뒤 열린 회의에서 한 대주주가 이와타 사장에게 이렇게 말했다.

---

1 2015년 55세의 나이로 고인이 되기까지 13년간 닌텐도를 성공적으로 이끌었다.

"지진 재해가 났으니 이때 언론사하고 같이 가서 피난소에 있는 아이들에게 게임기를 나눠 줘야 하지 않는가? 매스컴에서 들리는 소식이 전혀 없는데 뭐 하고 있는 건가!"

이와타 사토루는 대주주의 힐난에 이렇게 대답한다.

"저는 생각이 다릅니다. 3억 엔의 기부나 직원의 파견 등 봉사활동을 실시하고 있지만, 매스컴을 데리고 다니는 일은 일절 하지 않습니다. 나중에 홈페이지에 게재하는 의사록에서도 이 질의는 삭제하겠습니다."

대주주는 오로지 돈만 바라보고 다른 이의 고통과 불행을 홍보의 기회로 생각했다. 반면 이와타 사토루는 이를 단호하게 거절했다.

이와타 사토루는 생전에 많은 어록을 남겼는데, 이 말이 닌텐도의 희소성을 분명하게 증명하는 것이 아닐까 싶다.

"우리는 소니나 마이크로소프트와 경쟁하지 않는다. 우리는 게임에 흥미를 느끼지 못하는 사람들의 무관심과 싸운다."

- 6장 -

부자 사업가의
'믹싱 볼'
사업과 사업을 섞는 도구

경영의 즐거움 중 빼놓을 수 없는 것이 있습니다.
그것은 약한 자들이 힘을 합해 강자를 이기고,
평범한 사람들이 힘을 합해 비범한 결과를 내는 것입니다.
그것을 가능하게 하는 힘이 바로 팀워크입니다.

- 앤드루 카네기(미국 기업인)

34   부대찌개의 개념으로 사업과 사업을 섞어라

모든 요리의 기본은 믹스(Mix)다. 각기 다른 환경에서 만들어진 것들을 가지고 와서 하나의 요리를 완성한다. 믹스의 대표적 요리는 바로 부대찌개다. 부대찌개에 들어가는 재료의 국적만을 놓고 봤을 때, 김치 양념 국물과 두부를 제외하면 스팸, 소시지, 베이컨, 베이크드 빈스 등은 거의 해외에서 들어온 것이다. 그렇지만 부대찌개는 분명 한국요리라고 말할 수 있다. 어째서일까?

창조성이란 반드시 새로운 것을 만드는 것이 아니라, 기존의 것들을 조합하는 것에서도 나오기 때문이다. 요즘에는 이를 흔히 '콜라보'라고 부른다. 앞으로 당신이 사업가로서 추구해 나가야 할 방향은 항상 콜라보의 개념을 염두에 두고 접근해야 한다.

얼핏 생각하면, "나는 나만의 길을 간다."라고 말하는 애플(Apple) 같은 회사도 있다. 하지만 애플의 상품을 이루고 있는 부품 하나하나를 살펴보자. 애플의 전자기기에 들어가는 부품은 대부분 다른 회사에서 만들어진다. 아이폰 13의 디스플레이는 삼성과 LG에서 공급받는다. 메모리칩은 SK하이닉스와 삼성에서 공급받는다.

조금 과거로 돌아가서 애플의 히트 상품이었던 아이팟(iPod)을 들여다보자. 아이팟의 하드디스크는 도시바, 하드웨어 설계도는 실리콘밸리의 포털플레이어, 디지털-아날로그 변환 칩은 울프슨 마이크로일렉트로닉스, 파이어 와이어 칩은 텍사스 인스트루먼트, 소프트웨어 일부는 픽소가 개발했다. 그렇다면 애플은 뭘 했는가?

이러한 각각의 기술을 결합하는 아키텍처를 개발했고, 애플의 산업 디자인 부서가 제품 디자인을 설계하여 완성한 것이다. 이런 산업의 흐름은 전자기기 제조 공정에만 해당하는 것이 아니다.

디지털 사회가 완전히 자리를 잡기 시작하면서 모든 산업에 '콜라보'가 적용되고 있다. 예를 들면, 내가 화장품을 만들고 싶다면 화장품 공장을 지을 필요가 없다. 이를 대신 생산해 줄 회사에 찾아가서 의뢰하면 된다. 이를 ODM(Original Development Manufacturer)이라 하며 한국 콜마(Kolmar)가 이 분야의 대표 기업이다.

화장품만 이렇게 만들어지는 게 아니다. 의약품, 임상시험도 의뢰를 받아 위탁생산(CMO, CDMO[1])된다. 삼성바이오로직스, SK바이오사이언스가 대표적이다.

화장품을 만들기 위해 화장품 공장을 지을 필요가 없고, 신약을 만들기 위해 제약 공장을 지을 필요가 없는 시대다. 가능성은 열려 있다. 누구와 함께, 어떻게 콜라보를 할 것인가가 어느 때보다 중요한 시대다.

---

1 의약품 위탁생산(CMO, Contract Manufacturing Organization): 의뢰한 의약품을 대신 생산해주는 것.
의약품 위탁개발생산(CDMO, Contract Development & Manufacturing Organization): 임상 단계의 의약품을 생산해주는 것.

35 콜라보의 본질을 알아야 한다

콜라보는 새로운 가치와 성과를 만들어내는 좋은 방법이다. 하지만 콜라보가 만능은 아니다. 사업 조직 자체가 조직 내에서 서로 간의 경쟁을 부추기는 형태라면 조직 문화를 바꾸지 않는 한 콜라보를 할 수 없다. 이런 이유로 콜라보에 실패한 사례가 많은데 그중 하나가 바로 소니다.

소니의 성공 신화는 사내 엔지니어들이 서로 협업하기보다는 경쟁하도록 부추기는 치열한 경쟁풍토에서 나왔다. 즉, 지금까지 소니는 각 부문이 독자적으로 히트 상품을 개발하려는 경쟁 문화를 체질화 해왔다. 이러한 경쟁 문화는 소니의 성공 요소가 되기도 했다. 실제로 워크맨과 플레이스테이션 게임기도 사내 경쟁의 산물이었다. 하지만 '커넥트' 개발 프로젝트에서는 경쟁 문화보다는 협업 문화가 필요했다. 이 프로젝트에는 도쿄의 개인 컴퓨터 부문, 워크맨을 담당하는 휴대용

오디오 부문, 플래시 메모리형 플레이어 개발팀, 미국의 소니뮤직, 일본의 소니뮤직 등 5개 부문의 협업이 필요했다. 하지만 소니는 지금까지 경쟁 문화를 체질화해온 터라 서로 다른 부문을 유기적으로 한데 묶어내는 협업에는 실패하고 말았다. 결국 소니의 커넥트 프로젝트 실패는 기술의 실패가 아니라 협업의 실패인 셈이다.(모튼 T. 한센, 《협업》 중에서)

소니의 커넥트 프로젝트 총책임자였던 스트링어는 콜라보의 실패 원인을 '사일로 효과(Organizational silos effect)'[1]로 설명했다. 사일로 현상은 조직원들의 성향(이기적, 비협조적)으로 일어나는 것이 아니라 주로 조직구조, 사내 문화, 인센티브 시스템 등에 의해 발생한다. 소니는 각 사업부에 성과목표가 할당되어 있었고, 이런 상황에서 다른 사업부의 성과나 공동 목표에 관심을 기울인다는 것은 불가능했다. 경쟁 중심의 사풍은 단기적으로 하나의 사업 부문에서는 성과를 거둘 수 있을지 몰라도 회사 조직의 생명력을 망가뜨린다.

국내 게임회사 중에도 이런 사풍을 가진 회사들이 있다. 모 회사는 A팀에서 신작 게임을 내놓으면 B팀에서는 자신들이 운영 중인 게임의 대형 이벤트를 고의로 A팀의 런칭 일자에 맞춰서 공개하고 대대적인

---

1 조직 장벽 및 부서 이기주의. 곡식 및 사료를 저장해 두는 굴뚝 모양의 창고를 의미하는 사일로(Silo)에 빗대어 '사일로 효과'(Organizational Silos Effect)라고 한다. 조직 내 다양한 부서들이 전체 조직의 이익을 위해 교류하지 않고 자기 부서의 내부적 이익만을 추구하는 것을 뜻한다.

광고를 진행한다. 런칭 행사라는 중요한 이벤트에 다른 이슈를 터트림으로써 다른 팀의 게임에 주목 효과를 줄이고 신규 사용자 유입을 방해하는 것이다. 매번 이런 일이 벌어지다 보니 이 사실을 게임 이용자들도 알고 있어서 이 회사에서 신작 게임이 런칭될 때 같은 회사 내 다른 팀이 운영하는 게임에서 대형 이벤트가 있을 거라고 예상할 정도다. 당신이 사업가로서 사내의 이런 문화를 일신하지 않을 생각이라면 콜라보는 하지 않는 것이 낫다. 도리어 사내 갈등을 더 심각하게 부추길 수 있기 때문이다.

36 협업할 때 사업가의 태도

 부대찌개는 왜 맛있는 것일까?

모든 요리의 맛은 각기 다른 것들이 섞이는 과정에서 생겨난다. 하지만 아무거나 마구잡이로 섞는다고 콜라보가 되지는 않는다. 부대찌개의 재료들은 서로 다른 개성이 있으면서도 한편으로는 단점이 있다. 스팸은 그대로 굽게 되면 특유의 기름기와 짠맛이 있다. 그래서 고기를 스테이크로 먹는 서양 사람들에게 스팸은 저질 고기로 취급받는다. 베이컨, 햄, 베이크드 빈스 또한 단일 형태로 먹으면 쉽게 물린다. 하지만 김치찌개 국물로 조리하면 이 재료들이 가진 단점은 찌개 속으로 녹아들고 국물이 요리 재료에 흡수되어 새로운 풍미가 생겨난다. 그러면서도 각각의 재료는 뜨거운 국물에 녹아버리지 않고 각자 본연의 모습을 유지한다.

부대찌개에는 사업가가 추구해야 할 사업 철학이 담겨 있다. 콜라보를 하기 위해서는 사업 조직이 하나로 섞일 수 있는지, 콜라보가 가능한 조직인지를 먼저 살펴봐야 한다. 그리고 콜라보를 해야 할 이유가 무엇인지를 따져봐야 한다. 계산해봤을 때 장기적으로 얻는 것이 많다면 사업가로서 결단을 내려야 한다. 조직 간의 불필요한 경쟁을 막고, 회사 내에서 신제품 개발의 시너지를 얻고, 조직 탄력성에 도움이 될 것이라는 판단이 서면 지체 없이 콜라보를 해야 한다.

물론 콜라보는 어렵다. 콜라보는 쉽게 말해서 협업이고, 함께 일하는 것 정도로 여기겠지만, 사용하는 언어가 다른 각 분야의 전공자들을 모아놓고 이를 한데 섞어서 일을 시킨다는 것은 물과 기름을 섞는 일과 같다. 이때 사업가의 기술이 필요하다. 물과 기름은 평소에는 섞이지 않지만, 이를 연결해주는 물질이 있으면 섞일 수 있다. 우리는 이렇게 만들어진 대표적인 물질을 일상에서 사용하고 있다. 바로 마요네즈다. 물과 기름에 달걀노른자를 사용하면 서로 섞이지 않던 물질이 놀랍게도 섞인다. 달걀노른자에 있는 레시틴이라는 분자가 유화제 역할을 하기 때문이다.

조직 내에서 사업가는 달걀노른자 같은 역할을 해야 한다. 각기 다른 삶, 각기 다른 생각을 하던 사람들이 회사에 들어와서 같이 일할 수 있도록 해야 한다. 그것이 당신의 사업체에 모여 있는 구성원들의 정체다.

어떻게 각기 다른 사람들이 모여서 성과를 내게 할 수 있을까?

누구보다 자존심 강한 스타 선수를 지도하는 축구 감독은 어떻게 팀 플레이를 할까?

조제 무리뉴는 세계 명문구단의 감독으로 활약했다. 한 다큐멘터리 (플레이북 게임의 법칙)에서 인터뷰어가 "각자 자기 스타일이 너무나 확고 한 스타 선수들을 어떻게 지도했느냐?"라고 묻자 이렇게 말했다.

"감독이 이해해야 할 중요한 사안이 있어요. 그런 선수들에게 축구를 가르치 면 안 돼요. 호날두에게 프리킥 차는 법을 가르치면 안 되죠. 이브라한테 가슴으로 공 받는 법을 가르칠 순 없어요. 드로그바에게 골문을 공략해서 득점하는 법을 가 르칠 순 없죠. 그 선수들에게 가르치는 건 소속팀에서 축구를 하는 법이에요. 모든 게 팀 위주죠. 전 늘 이런 말을 했어요. '난 축구 선수를 지도하지 않는다. 축구팀을 지도한다.'"

무리뉴의 말에서 우리는 무엇을 배울 수 있을까?

협업할 때 사업가의 태도다. '팀플레이'와 '책임감'에 대한 개념이 사 업가에게 없다면 협업은 불가능하다.

책임감이란 무엇인가? 자기 일에 최선을 다하는 것? 아니다. 자신이 책임질 수 없는 것에는 절대로 개입하지 않는 것이 책임감이다. 달걀노른자가 흰자가 될 수는 없다. 선수가 답답하게 경기한다고 감독이 대신 경기를 뛸 수는 없다. 직원이 하는 일이 신통치 않다고 사업가가 직원의 일을 대신 해줄 수는 없다. 당연한 말이지만 절대로 그렇게 해서는 안 된다.

책임감은 자신의 한계를 명확히 하는 것에서 시작된다. '한계에 대한 명확한 인식 없이 모든 가능성을 열어 놓는 것'을 가리켜 부자 사업가는 '망상'이라고 부른다.

37 모든 사업은 한계를 깨닫는 것에서 시작한다

협업은 각 개인이 가지고 있는 한계를 명확히 깨닫는 것에서부터 시작해야 한다. 단, 이러한 깨달음이 비난으로 이어져서는 안 된다. 왜 너는 아무것도 안 하냐고, 왜 그것밖에 하지 못하냐고 비난한다면 이건 사업이 아니라 '대학 조별 과제'가 된다.

대학 조별 과제는 왜 항상 예비역 복학생이 모든 것을 해결하고 나머지는 프리라이딩을 하게 되는가? 반드시 졸업해야 하고 취업해야 하는 예비역 복학생과 달리 스무 살에 대학을 갓 들어온 새내기, 자유를 만끽하려는 프리라이더들에겐 명확한 목표가 없기 때문이다. 하지만 그들이 진정한 빌런은 아니다.

사실 조별 과제를 지옥으로 몰고 가는 가장 큰 원흉은 '교수'다. 교수는 협업을 지시만 해놓고 아무것도 하지 않으며 학점만을 평가하는 무

능력한 사업가에 가깝다. 프리라이더를 견디다 못해 하소연했을 때 담당 교수가 무임 승차자에게 적절한 대가를 치르게 해준다면 그나마 낫다. 몇몇 교수들은 도리어 하소연하는 학생이 무능력하다며 비난한다.

당신은 어떤 사업가인가? 콜라보를 독려하는 사람인가, 독이 되는 사람인가? 콜라보를 말하기 전에 자신을 스스로 돌아보기를 바란다.

콜라보의 철학적 배경

콜라보의 철학적 배경에 관해 언급하려면, 미국의 대학 이야기를 하지 않을 수 없다. 한국인에게는 다소 생소하지만, 미국에 뱁슨 칼리지(Bobson College)가 있다. 매사추세츠주 웰스리에 있는 이 대학은 미국에서 '기업가정신 과정(Entrepreneurship Eudcation)'으로 20년 넘게 미국 대학평가 창업 부분 1위를 고수하고 있다. 이 교육에 참여하는 사람들은 창업에 도전하기 위해 공부하는 학생들이거나, 가업(기업)의 승계를 위해 체계적인 교육을 받는 차기 경영자들이다.

유명 기업 2세, 3세 경영자들도 이 대학을 거쳐 갔다. 대표적으로 포드자동차 가문의 2세 경영자 헨리 포드(Henry Ford)와 4세 경영자 에젤 포드 2세(Edsel Ford Ⅱ)가 뱁슨 칼리지에서 학위를 받았다. 이 외에도 전직 펩시콜라 회장 로저 엔리코(Roger Enrico) 등이 이 대학에서 학위를 받았다.

이 대학의 교육이 특별한 이유는 무엇일까?

어떻게 하면 기업이 더 많은 수익을 낼 수 있을지를 알려주기 때문일까?

그렇지 않다. 이 대학이 제시하는 교육 과정의 핵심은 '존경받는 기업'이 되기 위한 철학적 배경에 있다. 이를 위해 '기업이 이윤을 넘어서 추구해야 하는 것'과 관련해 오랜 기간 연구를 지속해 왔다. 뱁슨 칼리지의 석좌교수인 라젠드라 시소디어 교수[1]는 세계적으로 존경받고 사랑받는 기업에 대한 새로운 이론을 제시하기도 했다. 이른바 'SPICE(스파이시)' 개념이다. 기업의 이윤과 주주의 이득만을 중시하는 기존의 비즈니스 모델이 아니라, 지역사회(Society), 공급업체(Partner), 투자자(Investor), 고객(Customer), 직원(Employee) 등을 둘러싼 사회 전반을 고려한 경영활동을 해야 사랑받는 기업이 된다는 모델을 제시했다.

뱁슨 칼리지는 이와 같은 교육을 2007년부터 시행해왔다. 구글, 아마존 등 세계적인 기업들도 다양한 주체의 역학관계에 관심을 갖기 시작했다. 놓치기 쉬운 회사 내부고객(직원)과 지역사회에 대한 공헌 활동을 강조하는 등 지속 성장을 위한 기업문화를 조성했다.

내가 경영을 담당하는 '보아스 사회공헌재단' 역시 사업 핵심에 스파이시의 개념을 도입하고 있다. 상법상 영리법인과 민법상 비영리법인

---

1 《깨어있는 자본주의(Conscious Capitalism)》의 저자. 대표 저서로 《위대한 기업을 넘어 사랑받는 기업으로(Firms of Endearment)》가 있다.

은 설립 목적과 운영 형태가 다르지만, 두 법인은 서로 배울 점이 많다. 영리법인의 운용 목적은 수익 창출과 배분에 근거한 활동이며, 비영리법인은 소속 회원의 권익을 보호하거나 공공목적을 수행하기 위한 활동을 우선으로 한다. 물론 비영리라고 해도 수익 활동을 못 하는 것은 아니다. 다만, 그 수익을 어느 특정인에게 배분하는 것이 아니라 고유목적 사업을 위해 사용하거나 예비비 형태로 보관한다.

영리와 비영리법인은 수익성과 공공성 측면에서 가장 큰 차이를 보이는데, 이 둘의 적절한 조화가 우리 시대가 필요로 하는 조직, 단체의 모습이다. 수익성과 공공성을 둘 다 추구하는 비즈니스 모델만이 경쟁력을 갖춘 회사로 살아남게 될 것이다.

물론 '사회적 기업', '협동조합' 형태의 모델도 있지만, 사실 전 세계 중 우리나라만 '사회적 기업 인증'을 받아야만 운용할 수 있는 또 다른 규제가 작용하고 있기에 영리회사에서 공공성을 추구하고, 비영리조직에서 영리를 추구하는 방법이 훨씬 수월할 수도 있다.

가령, 민간병원이 시장 확대를 노리고 새로운 고객을 창출하기 위해 공공의 영역과 협력한다고 가정해보자. 그러나 공공기관, 행정기관, 심지어 복지기관에서는 병원의 영리적인 활동이 다소 부담스럽고 오히려 병원과의 연결과정에서 불필요한 의심을 받을 수 있기에 당연히 협력엔 소극적일 수밖에 없다. 하지만, 병원에서 취약계층과 빈곤계층을 돕는 목적의 비영리 활동에 동참하여 병원의 색채를 톤다운 한 후 명분

있게 지역사회에 접근하면, 이 문제는 달라질 수 있다. 즉, 영리를 추구하는 조직에서 비영리에 동참하여 취약계층을 돕는 명분과 약속이 행동으로 이어진다면 비영리기관을 통해 병원은 경영적 차원에서 잠재적 시장에 진입할 여지가 더 커진다. 또한 사회적 가치를 실현한다는 측면에서 존경받는 병원으로 명성까지도 얻을 수 있다. 병원의 이러한 마케팅 전략은 '공공성'과 '수익성'을 동시에 추구할 수 있으며, 이를 통해 사업의 희소가치를 극대화할 수 있다.

38 　희소가치를 독점하라

전통적 시장은 동종업계와 경쟁하며, 지속가능성을 위해 늘 경쟁자들과 싸워야만 했다. 이는 제조업의 시대에서는 당연했다. 하지만 경쟁은 엄밀히 말하면 자본주의의 핵심이 아니다. 자본주의의 변치 않는 핵심은 독점이다. 또한 오늘날의 독점이란 '상품의 독점'이 아니라 '가치의 독점'에서 비롯된다.

가치의 독점이란 무엇인가?

가치의 독점은 단순히 '가치 있는 상품을 만들어서 시장을 독점해야 한다.'라는 뜻이 아니다. 기업은 사회적 존재 자체로서 독점적 가치를 만들어낼 수도 있다. 예를 들면, 대기업은 기업의 '사회적 활동(CSR, Corporate Social Responsibility)'을 적극적으로 수행하기 위해 비영리형태의 재단을 소유하고 있다. 이 비영리재단은 회사의 평판 리스크를 대비하기도 하고 선한 이미지 구축을 통해 기업 브랜드 가치를 제고한다. 즉, 공익 추구가 수익 추구에 도움이 되므로 사회적 활동을 전개하는 것이다.

누군가에겐 이 전략이 마치 대기업만이 가능하고, 독점 기업으로서 자신들의 이미지를 희석하기 위한 변칙 전술쯤으로 보일 수도 있다. 하지만, 공익과 수익의 동시 추구는 대기업에서나 가능한 '물타기 전술 전략'이 아니다. 앞서 이야기했듯 소규모 병원이나 지역 기반의 소규모 회사에서도 얼마든지 적용할 수 있다.

실제로 미국 실리콘밸리 '오픈AI'의 CEO인 샘 알트만(Sam Altman)은 영리회사를 만들면서 회사의 이익을 어느 정도로 할지 상한선(Ceiling)을 정했다. 회사는 초과 이익을 비영리재단으로 귀속시켜 의료와 교육지원사업을 돕는 '혼성체(Hybrid)' 기업으로 운영되며, 마이크로소프트사와 협력하여 그 규모를 키우고 있다.

미래기업들은 수익성과 공공성 2가지 가치를 동시에 만족시키는 형태로 눈을 돌리고 있다.

세계적으로 유명한 사회적 기업인 미국의 '탐스 슈즈(TOMS shoes)'는 한 켤레의 신발을 판매할 때마다 한 켤레의 신발을 전 세계 불우한 아이들에게 기부하는 사회적 철학으로 사업 규모를 키웠다. 물론 '신발이 팔리면'이 전제가 된다. 그러나 이러한 사회적 철학이 단기간에 기업의 이미지 제고와 함께 기업 성장에 유리한 발판을 마련했다.

또한, 미국 마이크로크레딧 회사의 시초가 된 '키바(Kiba)'라는 회사는 아프리카와 아시아 저소득층에게 20~30달러의 적은 금액을 빌려주고 그들의 경제적 자립을 지원하는 은행 역할을 했다. 좋은 일에 앞장서다 보니 자금 유치가 쉬웠고 전 세계 마이크로크레딧(Micro-credit) 회사 창립에 많은 영감을 주기도 했다.

이제는 기업의 영리(營利) 방식이 좀 더 영리(怜悧)해져야 한다. 이러한 관점에서 착한 기업, 지역 공헌을 염두에 둔 기업 운영은 리스크(Risk) 대비에도 훨씬 수월하다. 영리회사가 비영리구조(NGO, NPO)를 모방하고, 그 이면에 수익 창출을 녹여내는 것이다.

단적인 예를 들자면, 국내 굴지의 대기업은 지방정부의 이권 사업을 얻기 위해 수년 전부터 해당 지역에 기부 방법으로 지역주민에게 착한 이미지를 착실히 쌓는다. 그리고 입찰이나 경쟁이 요구될 때면, 지역주민 모두가 "오래전부터 그 기업은 우리 지역을 위해 봉사를 참 많이 했지!" 하며 그 기업에 손을 들어준다. 수익권을 따낸 대기업은 그간 쏟아부은 돈보다 훨씬 더 큰 이득을 취해 갈 것이다.

물론 작은 기업이나 개인들도 이런 전략을 얼마든지 변용해 사용할 수 있다. 돈을 버는 것과 함께 지역사회에 적극적으로 공헌하는 것 또한 중요한 시대가 되었기 때문이다.

"우리 회사가 정직하게 돈을 벌고 있는데 군이 사회공헌까지 해야 하는가?"라고 묻는다면, 나는 "꼭 그렇게 해야 한다."라고 말할 것이다.

콜라보에 답이 있다

잘되지 않는 사업가에게는 '돈을 벌고만 있었다는 점이 문제'라고 지적하고 싶다. 사회적 공공성을 위한 노력도 기업의 지속가능성을 위해 필요한 희소성 중 하나다. 하지만 사회공헌을 연탄, 쌀 등 현물이나 돈으로 기부하는 특색 없는 지역공헌사업은 고객에게 와 닿기 힘들다.

기업 경영철학과 이미지를 고려해 당신의 기업만이 가능한 사회공헌 프로그램을 만들고 좋은 평가를 받도록 노력해야 한다. 그것이 새로운 시장을 개척하고 지금의 시장을 확대하는 실마리를 제공할 것이다.

그렇다면 누군가는 이렇게 물어볼 것이다.

"스파이시는 위대한 기업의 공통적인 특징을 겸손한 리더, 사람 중시, 사실 직시, 단순 명쾌, 원칙 중시로 정의하고 있다. 이 개념은 좋다. 하지만 이를 나의 사업 철학으로 탑재하기 위해서는 어떻게 해야 하는가? '스파이시'를 어떻게 기업의 경영 이념으로써 만들어 낼 수 있는가? 구체적으로 어떻게 하라는 말인가?"

나는 이미 답을 말했다. '콜라보'에 답이 있다. 콜라보에 대한 이해를 바탕으로 사업을 펼쳐야 한다. 예를 들면 지역사회공헌 프로그램을 만들기 위해서는 지역사회 커뮤니티와 콜라보가 필수적이며 이를 추진하는 과정에서 스파이시의 개념이 자연스럽게 회사에 녹아들게 된다. 이에 따라 회사의 사업 방향에도 기조 변화가 생길 수밖에 없다. 말하자면 콜라보는 과정이고, 스파이시는 결과라고 할 수 있다.

39 왜 콜라보로 사업해야 하는가?

 왜 협업 개념을 가지고 사업해야 하는가?

답은 간단하다. 소비자가 달라졌고, 시대가 바뀌었기 때문이다. 과거 제조업 기반 중심의 사회에서는 자본, 생산, 인력 등의 인프라에만 힘을 기울이면 충분했다. 하드웨어 시스템이 갖춰지면 판매는 영업사원이 담당하고, 기업은 사후 관리나 제품 향상을 위한 피드백 창구를 열어 놓기만 하면 되었다. 그러나 디지털 사회가 본격적으로 자리를 잡으면서 사업가와 회사는 더 많은 개인의 욕구를 제품 생산에 고려할 수밖에 없게 되었다. 기업이 일단 생산하고 소비자가 이를 뒤따르는 구조가 아니라, 소비자가 원하는 것을 기업이 빠르게 파악해 이를 선점해야만 살아남는 환경이 된 것이다.

오늘날 소비자들은 과거보다 더 많은 것들을 감안하여 구매하고 있다. 특히 스마트폰의 등장으로 영상이나 사진 전송이 손쉬워지면서 다른 사람이 뭘 사고 뭘 먹는지에 대한 공유가 빨라졌다. 과거에는 존재하지 않았던 별점과 후기를 남기는 것이 일상화되었다. 소비자들은 이제 일상적으로 모든 것을 다른 사람의 평가를 살펴보면서 구매한다.

어떤 와인이 내 입맛에 맞을까? 유튜브에 들어가면 술과 관련된 리뷰 채널을 무료로 쉽게 볼 수 있다. 이 외에도 거의 모든 리뷰 콘텐츠들이 유튜브 안에 존재한다. 이로 인해 기업들도, 사업가들도 모르는 사이에 통제 불가능한 영역에서 입소문 광고가 일어나기도 한다. 만우절 장난으로 시작한 것이 실제 제품으로 이어지기도 하고, 당신이 좋아하는 인터넷 인플루언서의 굿즈(Goods)들이 만들어져 순식간에 매진을 기록하기도 한다.

거대 기업이 돈을 쏟아부은 플래그십(Flagship) 제품이 시장을 이끌어가는 한편에, 중소기업의 제품들 또한 그들만의 커뮤니티와 함께 이른바 니치(Niche) 마켓을 만들며 열광적으로 팔려나가는 시대다. 이와 관련한 몇 가지 사례를 살펴보자.

❶ 배스킨라빈스의 성공과 콜라보 그리고 희소성

배스킨라빈스(배라)를 작은 기업이라고 말해도 될까 고민했다. 무엇보다 국내 아이스크림 업계에서 독보적 1위를 차지하고 있기 때문이다. 게다가 배라는 1945년 12월에 설립된 미국 아이스크림 브랜드이며 한국에 진출한 것은 1985년이다. 말하자면 '노포'인 셈이다. 그런데도 배라는 오래된 회사라는 사실을 전혀 느낄 수 없다. 계속해서 신상품을 개발하고 젊은 이미지를 유지해왔기 때문이다.

배라는 매우 전략적으로, 외관상 작은 기업처럼 작은 마켓의 형태를 유지하고 있다. 이를 증명하는 것이 배라의 국내 점포 수와 창업률이다. 2019년을 기준으로 파리바게뜨가 직영점(42개)을 제외하고 3,380개의 가맹점을 가지고 있는 것과 비교하면 배라는 직영점(79개)을 제외한 가맹점이 1,396개밖에 되지 않는다. 배라의 해외 매출은 36%가 한국에서 나올 정도로 매우 높다. 하지만 배라는 아무에게나 창업의 기회를 주지 않는 프랜차이즈 회사로 유명하다. 신도시나 혁신도시가 새로 생기면 딱 한 곳에만 가맹점을 내어줄 정도다.

처음 배라가 국내에 들어왔을 때만 해도 과연 누가 저렇게 비싼 아이스크림을 사 먹을까 의구심을 가진 사람들이 많았다. 과거에는 아이스크림이란 동네 슈퍼에서 주로 사 먹는 것이었기 때문이다. 이런 이유로 배라는 정말 특별한 날에나 먹는 것이었다.

하지만 우리나라의 국민소득 증가와 더불어 커피에 약 4,000원(스타벅스 아메리카노 톨 사이즈 기준) 정도의 돈을 쓰는 것이 익숙해지면서 사람들의 입맛도 상향됐고, 배라에서 약 3,000원(싱글 레귤러 기준) 정도의 아이스크림 값을 내는 것을 더는 비싸다고 생각하지 않게 되었다. 생각해보면 놀라운 인식 변화다. 이제 우리나라 사람들은 식사 후에 커피를 마실 것인가 배라를 먹을 것인가를 고민한다. 소비의 선택지가 생긴 것이다.

게다가 스타벅스를 비롯한 커피 가게들이 같은 상권 내에서 피 터지게 경쟁하고 있는 것과 비교해보면 배라에겐 아무런 경쟁자가 없다. 한때 배라의 경쟁자로 들어왔던 프리미엄 아이스크림 프랜차이즈들은 배라의 아성을 넘지 못하고 오래전에 철수했거나 단일 매장으로 몇 군데 남았을 뿐이다. 경쟁자들은 오래전부터 국내 시장을 선점하기 위해 알짜배기 노른자 땅을 거의 다 차지해버린 배라를 이길 방법을 찾지 못했다.

배라의 판매 전략 또한 다른 프랜차이즈에서는 흉내 내기 어려울 것 같다. 배라는 '이달의 맛'이라는 이름으로 매달 신제품을 하나씩 공개한다. 이 제품들은 시간이 지나면 대부분 단종되기 때문에 그달에 맛보지 않으면 사라진다. 또한 배라는 지속해서 기발한 콜라보 상품(최근에는 패션 쇼핑몰인 무신사와 협업해 배스킨라빈스 아이스크림을 떠올리게 하는 컬러 양말을 내놓기도 했다)들을 만들어내면서 소비자들의 관심을 끌고 있다.

배라는 사회공헌 활동 역시 꾸준히 수행 중이다. 코로나19로 고된 일에 시달리는 서울의료원 의료진에게 아이스크림을 기부하고, 접촉이 안 되는 코로나19 전담 병동에는 드론을 활용해 기부하기도 했다.

배라가 가진 이러한 대중성과 프리미엄 아이스크림 업체로서의 희소성을 모두 가져가는 전략은 앞으로도 오랫동안 다른 경쟁자들이 따라 잡기 어려울 것으로 보인다.

❷ 슈프림의 성공과 콜라보 그리고 희소성

제임스 제비아(James Jebbia)는 1991년 뉴욕에서 '스투시'라는 스토어를 오픈했다. 그는 이를 통해 큰 성공을 거두었지만 점차 대중화되는 스투시 브랜드에 매력을 느끼지 못했다. 1994년 뉴욕 맨해튼에서 '슈프림(Supreme)'이라는 브랜드를 새롭게 오픈했다.

그 당시 제임스는 언더그라운드 문화로 취급받던 뉴욕 흑인들의 힙합 문화와 스케이트보드 문화에 매력을 느꼈다. 그래서 슈프림은 처음에는 '스케이트보드샵'으로 시작됐고 매장 내에는 보더들이 스케이트보드를 탈 수 있게 보울(bowl)[1]까지 설치했다. 힙합 문화와 스케이트보드 문화에 대한 애정이 없었다면 생각할 수 없는 매장이었다.

그의 경영철학은 간단했다. 내가 입고 싶은 옷을 한정적인 수량으로만 파는 것이었다. 이는 무조건 남들과 다르고 대중적이지 않은 것을 선호하는 이른바 힙스터(Hipster)들의 취향을 제대로 저격했다. 그는 심지어 홍보 방식조차도 힙스터답게 했다. 뉴욕에 설치된 캘빈클라인 속옷 광고판을 자신들의 슈프림 스티커로 도배하고, 루이비통의 허락도 받지 않고 루이비통 문양을 박아 넣은 스케이트보드를 출시하기도 했

---

1 밥그릇처럼 가운데 부분을 경사지게 만들어서 스케이트보드를 탈 수 있게 한 전용 트랙을 가리킨다.

다. 이로써 슈프림은 이 회사들로부터 고소를 당하기는 했으나 반골 기질이 다분한 힙스터들에게는 오히려 매력을 어필하는 성공적인 노이즈 마케팅이 되었다.

슈프림은 25년간 700여 개의 브랜드와 협업을 진행(심지어 슈프림을 고소했던 루이비통과도 콜라보를 했다)하면서도 철저하게 적은 수량만을 생산하는 방식을 고수하고 있다. 매장 역시 전 세계 4개 국가에만 존재한다. 슈프림 브랜드 제품을 사고 싶다면 리셀러에게 웃돈을 주고 사거나 직접 해외매장에 가서 구매하는 것 외에 다른 방법은 없다.

우리는 슈프림을 통해 무엇을 배워야 할까?

오늘날 사업의 영역은 '문화적 경험'을 바탕에 두고 있다는 것이다. 슈프림의 성장을 견인한 힙스터 문화는 인터넷 문화 전반을 관통하는 하나의 문화적 흐름이기도 하다.

매일 유튜브, 아프리카, 트위치 등에서 수많은 사람이 무료로 8시간씩 인터넷 방송을 하고 있다. 팬들은 방송 알람 푸시 메시지를 켜놓고 인터넷 실시간 방송을 챙겨본다. 시청자 수는 개의치 않는다. 내가 재밌으면 그만이다. 시청자들은 팬으로서 자신이 좋아하는 유튜버, BJ, 스트리머들의 한정판 굿즈를 기대하고 구매하는 것을 망설이지 않는다. 방송인들 역시 니치 마켓에서 자신의 팬들만이 이해할 수 있는 밈(Meme)을 바탕으로 티셔츠나 그립톡 같은 굿즈를 한정판으로 내고 있다. 심지어는 자신의 이름을 붙인 밀키트를 내기도 한다. 이런 상품들이 소리소문없이 매진을 기록한다. 콜라보는 기업만의 전유물이 아니다. 아주 평범한 사람도 이런 제품들을 기획하고 발매하고 있다.

40 사내 개발 활성화

제조업 중심 사회는 이른바 '협동'을 강조하는 사회였다. 이제는 '협업'이 절실해졌다. 협업이 정말 필요한지를 따져보고 이를 어떻게 기업의 DNA로 가져올지를 고민해야 하는 시대다.

콜라보가 조직 내에 자리 잡기 위해서는 관점의 혁신이 필요하다. 하지만 관점의 혁신이란 위에서 아래로 내려오는 방식으로는 성공하기 어렵다. 결국엔 조직의 구성원들이 혁신의 관점에 공감하는 것이 우선해야 한다. 콜라보를 통해 얻을 수 있는 효과를 구성원들이 피부로 느낄 수 있어야 한다는 말이다.

구성원들이 느낄 수 있는 콜라보에는 어떤 것이 있을까?
크게 세 가지가 있다.

우선, 사내 개발 활성화를 살펴보기로 하자.

일하기 좋은 회사란 단순히 복지시설, 복지제도가 잘 되어있는 회사가 아니다. 회사란 어디까지나 돈을 벌어야 하는 곳이고 일하는 곳이다. 그렇다고 학교처럼 교육 기관이 될 수도 없다. 따라서 사업가인 당신에게 일하기 좋은 회사란 '셰프가 있는 주방'이 되어야 한다는 것이 내 철학이다.

셰프는 우리말로 하면 '주방장(廚房長)'이다. 주방장은 단순히 정해진 요리만 하는 것이 아니라 새로운 메뉴를 개발해야 한다. 마찬가지로 '사업가(事業家)'는 '사장(事長)'[1]이 되어야 한다. '일의 어른'이 되어야 한다는 의미다. 사업가는 직원들에게 공동의 목표를 설정해주고 이를 달성하게 하는 일을 반드시 해야 한다.

예를 들어보자. '페브리즈'로 유명한 P&G에서는 여러 가지 방식으로 협업을 도모하고 있다. P&G 직원들은 전문 관심 분야에 따라 20여 개

---

1 사장(事長)이란 단어는 없다. '주방장'에 대응할 만한 단어로 필자가 만들었다.

의 실무 커뮤니티에 자발적으로 참여할 수 있다. 사내 인트라넷에 '애스크 미(ask me)' 기능을 도입해 직원들이 업무상 부닥치는 문제를 올리면 회사 내에 전문지식을 가진 사람들이 답변해주는 시스템을 만들었다.

이 회사는 오래전부터 이렇게 협업을 잘하는 회사였을까?

그렇지 않았다. 앞서 언급했던 《협업》의 저자인 모튼 T. 한센은 2000년 6월까지 P&G가 어떤 회사였는지에 대해 이렇게 정리했다.

P&G는 서로 같은 팀이 아니었으며, 발등의 불을 끄는 데에도 제각기 따로따로였다.

그 당시 6월 P&G에서는 163년의 회사 역사에서 전례 없는 이사회 쿠데타가 일어났다. 18개월간 부임했던 전임 CEO를 쫓아내고 신임 CEO를 자리에 앉힌 것이다. 어떤 이유 때문이었을까?

전임 CEO는 무리한 방식으로 일시에 너무나 많은 개혁 작업을 펼쳤다. 변화와 관련한 명확한 설명이 있었던 것도 아니었다. 그는 획기적인 신제품 개발에만 몰두했고, 기존 브랜드의 관리는 등한시했다. 회사의 순이익은 빠르게 감소했고, 주가 역시 빠르게 하락했다. 이를 보다 못한 이사회에서 그를 내쫓고 신임 CEO를 투입했다.

신임 CEO로서는 전임자의 급진적 개혁으로 조직원 간에 강한 의구심과 불신만을 남긴 채 협업이 실패한 상황에 투입된 것이다. 다시금 올바른 방향으로 협업을 추진해야만 했다. 매우 쉽지 않은 상황에 놓여 있었다. 다행스럽게도 신임 CEO는 23년간 이 회사에서 근무한 사람으로, 어떤 방식으로 협업해야 할지를 잘 알고 있었다. 신임 CEO는 양초와 비누의 만남[2]이 지금의 P&G가 됐다는 것을 잘 알고 있었다. 다만 회사가 커지면서 연결 고리가 느슨해졌을 뿐이었다.

그는 각 부서 간 협업을 통해 기존에 개발된 기술 및 제품을 서로 연결하여 새로운 제품을 만드는 방법으로 '전통적 협업'을 이뤄냈다. 예를 들면 '휴대용 치아 미백 제품'을 처음부터 새롭게 만드는 게 아니라 구강관리 부문, 섬유 및 가정용품 부문, 중앙연구소 연구원들이 각각 제품개발에 필요한 기술을 제공하고 이를 결합함으로써 저렴한 가격에 우수한 제품을 내놓았다.

2000년 390억 달러였던 회사 매출은 성공적인 협업을 통해 2008년 830억 달러로 뛰어올랐다. 물론 여기에는 질레트 인수 후 매출 상승(105억) 등 여러 요인이 있었지만 협업의 성과가 결정적으로 기여한 것은 분명한 사실이다.

사내 개발 활성화를 통해 사업가는 회사가 한 팀으로 움직인다는 사실을 직원들에게 강하게 인지시킬 수 있다. 그러면서도 업무분장은 각자의 전문 영역 안에서 움직이게 해야 한다. 직원들은 최선을 다하지 않으면 협업할 때 짐이 되므로 그런 존재가 되지 않으려고 스스로 노력하게 된다.

---

2 P&G는 윌리엄 프록터와 제임스 갬블이 만든 회사다. 프록터는 양초 제조업자였고, 제임스 갬블은 비누 제조업자였다.

41   판매 증진

협업의 개념을 확장해보자. 영업사원의 판매 증진에도 협업을 할 수 있다.

영업에서는 판매사원의 역할이 매우 중요하다. 특히 식품을 파는 일이 그렇다. 마트에 가면 판매사원이 시식을 권하는 모습을 쉽게 볼 수 있다. 이들의 절대다수는 중년 아주머니들이다. 대기업에서는 이들을 대부분 정규직으로 고용한다. 온종일 서서 일해야 하므로 노동 강도가 만만치 않기 때문이다.

이와 비슷한 노동 현장에서 일하는 대표적인 노동자들이 있다. 흔히 우리가 '야쿠르트 아주머니(프레시 매니저)'라고 부르는 분들이다. HY(구 한국야쿠르트)는 판매원들이 무거운 카트를 끌고 장거리를 이동해야 하는 문제를 해결하기 위해 2007년경 전동카트를 도입했다. 하지만 오르

막길을 돌아다니기 편해진 정도였고, 사람이 밀고 걸으며 움직여야 한다는 한계가 있었다.

한편 이런 문제와는 별도로 HY의 매출은 꾸준히 증가했고, 계속해서 승승장구할 것처럼 보였다. 하지만 어느 순간 정체의 시기가 왔다. 2014년 발효유 시장이 줄어들면서 매출이 정체되기 시작했다.

HY는 이를 해결하기 위해 여러 가지 방책을 구상했다. 이때 전동카트 아이디어가 나왔다. 개발비용은 완전히 제외하더라도 대당 최소 800만 원이 들어가는 전동카트였다.

전동카트를 만들어야 할까?

당신이라면 사업가로서 어떤 결정을 내릴까?

HY는 2,000억 원을 투자해 국내 대학 및 중소기업과 함께 2년간 연구했다. 그 결과 타고 다닐 수 있는 냉장 카트를 개발하는 데 성공했다. 이것을 업무 현장에 적용했다. 판매원들의 매출이 오른 것은 당연했고, 유통기한이 짧아서 다른 경쟁사들은 시도하지 못했던 콜드브루 제품도 팔게 되었다.

이 제품은 2016년 출시 후 하루 평균 10만 개가량이 팔렸고, BTS(방탄소년단)와 콜라보 패키지 상품을 만들기도 했다. 2019년 수출 첫해 91만 개를 시작으로 2020년에만 270만 개를 판매해 200%가량의 높은 판매율을 기록했다.

42 　운영 효율 개선

앞에서 콜라보가 만능열쇠는 아니라는 점을 이야기했다. 콜라보를 통한 운영 효율 개선은 상황에 따라 완전히 달라질 수 있다. 자신의 사업과 회사 철학에 맞는 협업이라면 의도했던 운영 효율 개선을 이뤄낼 수 있다.

하지만 말로만 협업일 뿐 쓸데없는 일거리를 늘리는 것이라면, 협업을 위한 협업은 하지 않는 게 낫다. 조직원들의 회의감과 피로감만 늘어나게 할 뿐이다. 협업하더라도 회사와 조직의 상황에 맞게 협업의 가치를 극대화할 수 있는 분석 방법을 찾아야 한다.

예를 들어보자. GE(General Electric)는 전 세계에 30만 명 이상의 직원이 있다. 당연히 협업은 뜻대로 원활하게 수행되지 않았다.

이렇게 흩어져 있는 전문가 집단을 어떻게 하나의 협업 체제로 만들 것인가?

이를 해결하기 위해 GE의 지식공유팀은 정량적 분석 모델을 개발했다. 협업을 분석하는 툴을 만든 것이다. MIT 슬론 매니지먼트 리뷰(SMR) 2019년 가을호에 실린 내용을 살펴보자.

회사에서 지식공유에 성공한 커뮤니티들의 데이터를 바탕으로 어떤 커뮤니티가 자신들의 전문지식을 전 세계 동료들과 기꺼이 나눌 준비가 됐는지 예측하기 위해서였다. 지식공유팀은 커뮤니티 멤버들 간 협업이 얼마나 성숙했는지, 성공을 위해 서로 얼마나 헌신하는지, 현지의 기술 환경이 글로벌 커뮤니티를 얼마나 지원하는지, 해당 조직이 글로벌 커뮤니티에 얼마나 우호적인지 등이 반영된 점수를 계산했다. 분석 결과 해당 커뮤니티가 지식을 공유할 준비가 됐을 경우 지식공유팀은 그들을 전 세계 전문가들이 협업하는 공간인 지식공유 아키텍처에 포함했다. 대신 커뮤니티가 아직 준비가 안 됐을 때는 좀 더 규모가 작고 특정 목적에 집중하는 미션 중심의 팀을 만들었다.

GE는 질문 유형별로 적절한 답을 제시할 만한 전문지식을 가진 커뮤니티 멤버가 누구인지 예측하는 데도 분석 기법을 활용했다. 그리고 대규모 산업용 소프트웨어를 활용해 각 유형의 질문을 적절한 커뮤니티 전문가들에게 자동 배포했다. 또 커뮤니티 관리를 목적으로 협업 패턴에 대한 실시간 분석 결과도 생성했다. 어떤 직원들이 가장 활발히 참여하고 전체적으로 가장 많은 변화를 이끄는지 파악하기 위해서였다.

이런 작업의 결과로 GE는 지역의 경계를 뛰어넘어 직원들이 가진 전문지식을 더 쉽게 활용할 수 있었다. 가령, 직원 수가 4만 3,000명이 넘는 GE의 재생에너지사업부는 여러 지역과 사업부에서 산발적으로 수백 건의 기술적 논의들에 관여하던 개인들을 연결해 27개의 커뮤니티를 만들었다. 그리고 이를 통해 다양한 솔루션과 학습 효과를 냈다. 협업에 참여한 1,172명의 내부 직원들은 1년간 총 513개의 고객 문제들을 해결했고, 생산성 측면에서 110만 달러 이상의 비용 손실을 막을 수 있었다.[1]

이러한 협업 분석으로 회사는 수많은 직원의 면면에 대해 명확한 근거를 가지고 파악할 수 있다. 이는 운영 효율을 개선하는 것뿐만 아니라 이직률을 줄일 수도 있다. 협업을 잘하는 조직원을 파악해 조직 내에 붙들어 둘 수 있도록 성과 관리를 개선하는 데도 도움을 줄 수 있다. 특히 하나의 회사임에도 하나의 조직이 되기 어려운 회사들이 이런 사례에 해당한다.

대표적으로 보험회사들이 이런 특수성을 가지고 있다.

보험회사의 조직은 고객 한 사람을 중심으로 각기 개별적으로 움직인다. 모 보험사는 겉으로 보면 보험 영업사원들이 하나의 회사 안에서

---

1 https://dbr.donga.com/article/view/1203/article_no/9371/ac/magazine

움직이는 것처럼 보이지만 실제로는 본사가 아닌 팀에 소속되어 움직이는 경우가 많다. 이 팀은 심지어 본사로부터 어떤 급여도 받지 않는다. 오로지 자신들이 스스로 뽑은 조직원들의 거래 성과에서 일정부분의 수수료를 받아서 팀장에 해당하는 우두머리가 자신의 급여를 받고 나머지는 회사로 보내는 방식으로 운영되기도 한다. 즉, 팀원이 계약을 못 따오고 돈을 못 벌어 오면 팀장은 정말로 단 한 푼도 돈을 벌지 못하는 가혹한 책임 방식이다.

물론 이 보험사는 이런 시스템을 모든 직원에게 강요하거나 권유하지 않는다. 보통은 사내에서 경력이 쌓인 사람들이 자신이 관리하는 직원을 데리고 나와서 프랜차이즈 지점처럼 독립하는 것이다. 직급체계 또한 각자의 역할과 능력에 맞춰져 있다. 보험 판매원은 판매원대로, 인력을 관리하고 충원하는 필드 매니저들대로, 팀장급은 팀장들대로 별도로 나누어져 있다. 마치 군대 조직이 병장, 부사관, 장교로 각기 다른 진급 체계가 있는 것과 같다. 따라서 보험 판매원들은 무조건 팀장으로 올라가는 것이 아니라 자신의 위치에서 성과를 거두면 직급이 올라간다. 조건이 되면 필드 매니저로 갈 수도 있고, 적성에 안 맞으면 다시 판매원으로 돌아올 수도 있다.

이러한 사업 체계하에서는 아무리 회사가 하나의 조직을 강조해봤자 직원들은 자신이 속한 팀 혹은 자신과 계약한 개인을 위해서 움직일 수밖에 없다. 이런 경우 무리한 협업은 독이 된다. 그런데도 협업이라는 개념을 성과급 체제 개선에 도입한다면 오직 성과 위주로만 직원들을 파악하는 큰 실수에서 벗어날 수 있다.

이를 가장 빠르게 적용한 곳이 프로 스포츠 분야다. 농구 데이터 분석가들은 본인의 득점률은 떨어지더라도 동료 선수들의 슛 성공에 도움을 주는 선수들이 있다는 것을 알아냈다. 이들은 팀플레이에 큰 영향을 미치는 '숨어있는 통합자'다.

영업에도 이런 사람들이 존재한다. 자신의 주력 상품 외에 다른 상품은 교차판매[2]나 업 셀링[3]을 잘하는 다른 직원이나 전문가를 연결하여 한 고객에게서 여러 건의 계약을 끌어내는 사람들이 있다. 사람과 사람을 이어주는 브리지(bridge) 역할을 하는 것이다. 이들은 기업의 운영 효율을 극대화하는 중요한 존재다. 하지만 오로지 눈에 보이는 성과만을 중심으로만 평가하는 기존의 직무평가 시스템에서 이들은 쉽게 배제되고 제대로 된 인사평가를 받지 못한다.

앞에서 이야기한 모 보험사의 경우 이런 사람들이 중요한 존재라는 것을 오래전에 파악했다. 그래서 하나의 성과만을 중심으로 직원들을 가늠하지 않기 위해 '대형계약을 가끔 체결하는 능력 있는 직원'과 '작은

---

2 관련 상품을 연관시켜서 판매하는 것을 말한다. 스마트폰을 팔면서 케이스를 같이 파는 것 등이다.
3 기존보다 업그레이드된 상품을 판매하는 것을 말한다. 구형 스마트폰 대신 성능이 좋아진 새로운 스마트폰을 판매하는 것이다.

계약을 여러 건 지속해서 체결하는 능력 있는 직원'에게 각기 다른 방식으로 인센티브를 지급하는 체계를 마련해 놓았다. 또한 회사는 직원들에게 "하루에 최소 3명의 사람을 만나고 8시간을 일하라"라는 원칙을 적극적으로 강조한다.

이 원칙은 보험 세일즈를 위해 만들어진 것이지만, 어느 사업이든 협업 원칙으로 활용할 수도 있을 것이다. 가장 쉽게는 회사에 도움이 되는 가교역할을 잘하는 직원들에게 비공식적인 배려를 해줄 수 있다. 해당 직원에게 '이번 주에 어떤 모임이 있는지'를 물어보고 회사에 도움이 될 것 같으면 근무시간을 한 시간 정도 일찍 끝내고 모임에 나갈 수 있게 해주는 것이다. 보험사처럼 할 수는 없겠지만 1주에 3명 정도를 목표로 회사에 도움이 될 만한 사람과 만나게 하고 추후 보고를 받는 방식으로 직원을 성장시키는 동시에 인적 네트워크를 만들 수 있을 것이다. 이를 차후 상여금 책정에 반영할 수도 있다. '개인의 성과'와 '확인된 개인의 협업 기여분'을 반영하는 것이다.

실제로 경영컨설팅 회사인 베인앤컴퍼니(Bain&Company)는 파트너 평가를 매년 시행한다. 동료에게 얼마나 많은 도움을 주었는지 등에 대한 데이터를 수집하고 이를 근거로 상당한 금액(연봉의 최고 25%)을 상여금으로 주는 시스템을 운영하고 있다.

43 약한 유대관계가 협업의 시작에 유리하다

보험업계는 다른 업계에서는 보기 드문 '엠디알티(MDRT)'라는 오랜 역사를 자랑하는(1927년 설립) 세계적인 협회가 있다. 이 협회는 소속 보험사가 어디든지 관계없이 보험이나 재무 설계사로 매우 뛰어난 실적을 올린 사람들 중 클레임이나 사회적 문제점이 없는 사람이면 누구나 가입할 수 있다. 보험 관련 전문가들은 MDRT에서 이뤄지는 주기적인 모임, 세미나 등의 행사를 통해 다른 보험사 직원들이 어떻게 영업하는지 간접적으로 알 수 있고, 봉사나 기부 등 다양한 사회 기여 업무를 함께 수행한다. 협업 체계를 하나의 회사로 한정 지어 강요하지 않고, 업계에서 잘나가는 이른바 선수들이 한자리에 모이는 친목 모임처럼 '약한 유대관계'로 운영하는 것이다.

우리는 흔히 협업하려면 '강한 유대관계'를 맺어야 한다고 잘못 생각한다. 강한 유대관계를 맺은 사람이 가장 많이 도와줄 거로 생각한다. 서로 잘 알고 대화를 자주 하므로 그렇게 생각하는 것이다.

실제로 사람들은 가까이 있는 사람에게 의존하려는 경향이 있고 사회학자들은 이를 '유유상종의 법칙(law of homophily)'이라 부른다. 이와 관련한 연구와 증거자료 역시 많다.

한 경영컨설팅 회사에서 사내 400명의 컨설턴트를 대상으로 설문조사를 진행한 적이 있다.[1] 기업 내 특정 업무와 관련한 전문가를 어떻게 찾는가에 대한 조사였다. 이 조사에서 시니어 컨설턴트는 누가 전문가인지를 알고 있거나 인맥이 좋은 사람을 택했다고 한다. 반면 주니어 컨설턴트는 자신들처럼 서투른 동료를 선택했다고 한다. 왜일까?

경력이 짧은 주니어 컨설턴트들은 협력(Cooperation)과 협업(Collaboration)의 차이를 구분하지 못했을 가능성이 크다. 협력은 하나의 일을 여러 부분으로 나눈 뒤 각 파트를 담당자가 마치게 하고 나중에 부분들을 합치면 일이 완성되는 것이다. 반면 협업은 하나의 일을 여러 사람이 토론을 통해 동시 추진하는 것이다. 협력이 조립이라면, 협업은 조합이다. 혼자서는 해결할 수 없는 일을 여러 사람의 능력을 조합하여 해결하는 것이다.

자, 당신은 어떤 사람과 협업을 하고 싶은가?

---

1 누군가에게는 작지 않은 세상: 조직 내 지식 탐색의 불평등(The World is Not Small for Everyone: Inequity in Searching for Knowledge in Organizations)

사업가가 협업하려는 이유는 단순히 친목을 다지려는 게 아니다. 다른 분야의 지식을 가진 전문가를 만나 경험을 확장하고 새로운 사업 기회를 모색하려는 것이다. 하지만 당신이 원하는 전문가와의 브리지 역할을 해주는 사람이 없다면(당연하지만 이런 사람이 흔할 리 없다) 어떻게 해야 할까?

사업가인 당신이 직접 찾아야 한다. 사업가가 신이 아닌 이상 단 한 번에 협업이 가능한 전문가를 정확히 찾아내는 방법은 없다. 약한 유대관계를 바탕으로 인적 네트워크를 계속해서 확장하고 그 안에서 기회를 잡는 것이 현명한 방법이다.

관련 전문가들이 함께 이야기를 나누는 단톡방(혹은 오프라인 모임)이 있는지 찾아보고 그들만의 커뮤니티에 슬쩍 발 하나를 걸쳐두고 궁금한 것을 물어보면서 배우려는 모습을 보이는 것도 좋다. 전문가들은 배우고자 하는 사람에게 약하다. 내가 물어본 것 이상으로 친절하게 많은 걸 알려주려고 한다. 이런 전문가들을 점찍어 두면 된다. 그리고 때가 왔다 싶으면 넌지시 제안을 던져보자.

"우리 직원들에게 강의해주실 수 있나요?"

이렇게 단계를 밟아나가면서 약한 유대관계를 강한 유대관계로 바꿔나가는 것에서 협업이 시작된다.

분명 이런 과정들이 협력과 비교해 비효율적이고 느리게 느껴질 것이다. 하지만 많은 전문가는 말한다. "얼핏 보면 비효율적으로 보이는 협업이 협력보다 훨씬 높은 성과를 창출한다"고. 어째서일까?

실제로 우리는 말만 협동한다고 할 뿐이지 찰리 채플린의 〈모던타임즈〉에 나온 컨베이어 벨트 공장 노동자처럼 자기 앞에 놓인 일거리를 단순 반복 형태로 조립하는 경우가 대부분이기 때문이다. 그래서 우리는 대부분 손쉬운 협력을 택하는 것이다. 하지만 이런 방식으로는 한계가 분명하다. 따라서 약한 유대관계를 지속해서 늘려가는 물밑작업이 꼭 필요하다.

노파심에서 하는 이야기지만, '약한 유대관계'란 말을 아무나 만나서 쓸데없는 명함만 한 바구니 받아오란 말로 오해하지 않았으면 한다. 약한 유대관계라 할지라도 사업가로서의 목적마저 미약하면 안 된다. 중요한 사람들은 중요한 일을 하기 위해 누군가와 네트워크로 연결되어 있고, 어떤 형태로든 간에 어딘가에 모여 있다. 그들과 접점을 만들고, 그들을 통해 새로운 인사이트를 얻어야 한다. 희소가치는 이러한 보물찾기 같은 과정에서 자연스럽게 생겨난다.

그리고 잊지 말자. 사업가는 우연이 필연이 되어 어떠한 협업이 만들어지길 가만히 기다리는 사람이 아니다. 자신의 사업에 맞는 필연적인 환경을 만들어 놓고 우연처럼 전문가에게 접근해 협업을 만들어내는 사람이 바로 사업가다.

- 7장 -

부자 사업가의 '냉장고'
나의 경험을 보관하는 도구

냉장고는 시대와 세대, 나아가 국경을 넘어서까지
인간의 생활 양식을 보여주는 창구가 된다.

- 심효윤, 《냉장고 인류》 중에서

44 냉장고와 티라미수
그리고 햇반

조리 도구 중 손이나 칼 같은 가장 기본적인 도구를 제외하고, 그중에서도 가장 중요한 것을 하나 꼽으라면 나는 냉장고를 선택하고 싶다. 누군가는 반문할 것이다. "냉장고가 조리 도구인가?"

그렇다. 냉장고는 전 세계의 식문화를 완전히 바꿔놓은 조리 도구다.

직접적으로 냉장고를 통해 완성되는 요리도 있다. 바로 티라미수 (Tiramisu)다. 티라미수는 오븐을 전혀 사용하지 않는 케이크다.

최초의 티라미수는 1967년 북이탈리아 베네토 지방의 도시 트레비소의 제과업자였던 로베르토 린구아노토(Roberto Linguanotto)와 그의 견습생 프란체스카 발로리(Francesca Valori)가 커피와 팔고 남아서 말라버린 사보이 아르디 쿠키를 재활용하기 위해서 만들었다. 이후 최초의 레시피를 개량한 사람은 아도 캄페올(Ado Campeol)과 로베르토 린

구아노토이며 그 시기는 1969년경이다.

그렇다면 티라미수가 이탈리아에서 먼 거리에 있는 우리나라에 전파되기까지 어떤 배경이 있었던 걸까?

이 유행의 뒤편에는 2차 세계대전을 거치며 만들어진 대량 생산 체제, 커피의 유행, 냉장고의 대중화가 있었다. 1940년경 미국 내 가정의 64%가 냉장고를 가지고 있었고[1] 이는 케이크에 필수적인 우유 등 유제품의 장기 유통에 혁신적인 영향을 미쳤다. 우리나라에서는 1965년에 금성사(현재의 LG전자)가 첫 국산 냉장고인 눈표냉장고(모델명 GR-120)를 출시했다.

티라미수는 1982년에 미국에서 '미식 상표(La Marca Gastronomica)'라는 책자를 통해 레시피가 소개되면서 전 세계적으로 유행했다. 한국에는 1991년 청담동 카페에서 시작해 2000년대 초중반 커피 프랜차이즈들의 유행을 타고 대중화된 것으로 보인다. 치즈로 만드는 케이크의 일반적인 유통기한이 2~3일 남짓인 것을 생각해보면 식재료를 장기 보관할 수 있는 냉장 기술 없이는 이 디저트를 지금처럼 쉽게 맛볼 수 없었을 것이다.

---

1 https://americanhistory.si.edu/visitor-guides/object-project/refrigerators

이쯤 되면 문득 궁금할 것이다. 왜 이토록 길게 티라미수 이야기를 하는 걸까?

사실 티라미수가 중요한 게 아니다. 이탈리아 베네치아 옆에 있는 한 작은 식당에서 만들어진 이른바 재활용 요리가 어떻게 해서 이 머나먼 한국에서까지 쉽게 맛볼 수 있는 디저트가 되었는가? 이를 뒷받침한 냉장고라는 하드웨어는 어떻게 해서 우리의 모든 식문화를 완전히 바꿔 놓았는가? 그 문화적 궤적을 따라가 보고 싶은 것이다.

사실 티라미수는 그저 기호식품이다. 커피는 카페인의 각성효과 때문에 마신다고 핑계를 댈 수 있지만, 티라미수는 그렇지 않다(레시피에 커피가 들어가긴 하지만 말이다.) 티라미수를 제외하고도 많은 케이크가 그렇다. 언제부터 우리가 생일에 당연하게 케이크를 먹었던가를 생각해 보면 그렇다. 그런데도 이제 우리는 일상에서 케이크를 먹지 않을 수가 없다.

나는 이런 부분에서 '사람은 경험을 기억하고 전달하는 생물'이라 부르고 싶다. 사람은 왜 경험을 기억하고 전달하려고 할까?

그 답은 한마디로 공감하기 위해서다. 우리는 공감하는 인간, 호모 엠파티쿠스(Homo Empaticus)라고 할 수 있다. 잠들어 있는 순간에도 꿈이라는 경험을 하고, 자신이 꿨던 꿈 이야기를 타인과 공유한다. 타인과 함께 나누지 못하는 경험은 자기 죽음뿐이다.

조선 순조 때 유씨 부인이 지은 수필 〈조침문(弔針文)〉을 보면 사람의 공감 능력이 어떤 것인지 잘 알 수 있다. 그녀는 바늘을 가리켜 '침자(針子)'라고 부르며 27년을 쓰다가 마침내 부러진 바늘의 죽음을 애도한다. 바늘의 공로, 요긴함, 모습과 재주를 찬양한다. 그러고는 바늘이 부러졌던 순간의 놀라움과 슬픔, 회한을 이야기하며 내세를 기약한다. 누군가에겐 고작 바늘이겠지만, 그녀에게는 그렇지 않았다. 그간 바느질을 하며 삭여왔던 감정을 누군가에게 전달하고자 했다.

요리도 그렇다. 한 번이라도 티라미수를 먹어본 사람들은 그 경험을 타인에게 전달하고 싶어 한다. 이 경험의 전이가 바로 우리들의 유행과 문화를 만들어내는 원동력이다. 그러나 그 경험이 늘 성공적으로 타인에게 공유되는 것은 아니다. 우리는 스스로 경험을 가볍게 여기고, 순간의 중요한 경험을 날려버리고 만다. 이 지점에서 사업가가 아닌 사람과 사업가를 구분 짓는 유별난 점이 존재한다. 우리에겐 그저 한순간의 경험으로 지나갈 어떤 것들을 사업가들은 어떻게든 이를 사업 시스템으로 연결한다.

앞에서 티라미수라는 디저트가 우리나라에 들어오기까지의 이야기를 길게 했다. 그렇다면 우리와 너무나도 밀접한 식품인 밥은 어떤가?

어떤 이들은 밥 짓는 것을 우습게 보지만 막상 밥을 지어보면 쌀의 품질 차이, 물 조절, 어떤 밥솥으로 조리했느냐에 따라 밥맛이 다르다. 이

번거로움을 해결한 제품이 CJ에서 만든 햇반이다. 햇반이 등장한 것은 1997년 외환위기가 일어나기 전이었다. 이때는 우리나라의 대중문화가 폭발적으로 성장하던 시기였다. 외식이 익숙해졌고, 집에서 밥을 지어 먹는 일이 줄어들기 시작했다. CJ는 이 문화적 격변기에서 밥 문화를 바꿀 카드를 꺼내 든 것이다.

　즉석밥의 시초인 이 제품이 만들어지기까지 많은 내부적 반대가 있었던 건 당연했다. 하지만 가장 큰 문제는 사람들에게 무엇보다 중요한 경험인 밥맛을 어떻게 올리는가에 달려 있었다. 특히 여름철만 되면 햇반의 밥맛이 떨어졌다. 그 이유가 무엇일까?

　이 원인을 찾아내기 위해 쌀이 보관되고 공장에서 생산되는 전 과정에 대한 세부적인 모니터링 작업에 들어갔다. 쌀을 이송하는 트럭에 올라타서도 문제점이 있는지 살펴봤다.

　드디어 여름철만 되면 햇반의 밥맛이 떨어지는 이유를 찾아냈다. 그 이유가 물류 과정에 있음을 알아냈다. 여름철 전국 각지의 미곡종합처리장에서 도정한 쌀을 부산 생산공장까지 3~4시간 이송하는 과정에서 트럭 안 온도가 엄청나게 올라가는 것이 문제였다. 쌀 온도가 무려 50도까지 올라갔다. 아무리 냉장 저장을 한다고 해도 쌀의 신선도가 떨어질 수밖에 없었다. 게다가 여름철엔 낮과 밤의 온도 차가 커서 쌀 표면에 결로 현상이 발생하고 심지어 금이 가는 현상도 수시로 나타났다. 쌀의 상태에 변화가 생기면서 결국 밥맛의 품질 차이가 날 수밖에 없었던 것이다.

　이를 해결하기 위해 쌀이 외부 환경에 영향을 많이 받는 도정 이후 밥을 짓기까지 과정에 걸리는 시간과 물류 과정을 최소화하는 '자체 도정 시설' 도입이 결정되었다. 실제로 경험하지 않았더라면 쌀의 유통 과정에 이런 문제가 있다는 것을 어떻게 알았겠는가.

45 사업에 곧바로 써먹는 경험

앞에서 이야기했듯, 사업가에게 첫 번째 재산이 사람이라면, 두 번째 재산은 경험이다. 경험은 자발적인 '열정'에 의해 만들어진다. 그리고 사업가에게는 소중한 경험을 장기 보관해주는 '냉정'이라는 냉장고가 필요하다. 우리는 결정적인 경험을 얻은 순간에는 그것을 잊지 않을 것으로 생각하면서도 시간이 지나면 이를 쉽게 잊어버리기 때문이다. 그래서 실행하지도, 써먹지도 못할 계획과 경험들만 잔뜩 냉장고에 쌓아두기도 한다.

잘되는 사업기를 목표로 하는 당신의 냉장고엔 어떤 경험들이 보관되어 있는가?

과거를 돌아보고 이를 기억해 내기 위해 구상해본 '사업가의 냉장고'를 채워보자.

냉동고	냉장고
오래 두고 가끔 꺼내 보는 괜찮은 과거의 경험	최근의 기억 중 가장 신선한 경험
1년 전 기억 중 가장 기억에 남는 경험	사업에 곧바로 써먹어야 하는 경험
부끄러워서 잊고 싶은 꺼내 보기 힘든 경험	두고두고 계속 꺼내 써도 좋은 경험

이 글 상자는 양문형(two door) 냉장고의 모습을 간단한 글 상자로 형상화한 것이다. 왼쪽 냉동고에는 오래 남겨 두고 싶은 것들을 넣고, 오른쪽 냉장고에는 최근에 받아들인 것들을 넣는다고 생각하면 된다.

이 냉장고에 뭔가를 넣을 때는 될 수 있으면 글을 쓰기보다는 그때의 기억을 연상할 수 있는 아이콘(icon)을 그려보는 것이 좋다. 예를 들면, '최근의 기억 중 가장 신선한 경험'의 하나로 '잃어버린 핸드폰을 찾아 돌려준다'라고 쓰기보다는 '핸드폰 그림'을 하나 그려 넣는 것이다.

왜 하필 핸드폰을 찾아 돌려준 기억을 예시로 들었을까?

최근에 이런 경험을 했다. 누군가 지하철 좌석에 핸드폰을 떨어뜨린 것을 발견했다. 출근 시간이어서 그랬는지 아무도 그 핸드폰의 주인을 찾아줄 생각을 하지 않았다. 이대로라면 이 핸드폰은 지하철역 종점까지 갈 것이 뻔했다. 혹시나 해서 확인해보니 이 핸드폰은 비번조차 설정되어 있지 않았다. 나는 어쩔 수 없이 그 핸드폰을 들고 일단 지하철역에서 내렸다. 역무원에게 핸드폰을 맡기고 다시 지하철을 탔다. 이때 분실한 핸드폰을 돌려주는 사업을 해볼까 하는 생각이 들었다. 물론 이 사업은 쉽지 않을 것이다. 하지만 괜찮다. 어차피 머릿속으로 생각하는 것 아닌가. 아무리 많이 창업하고 폐업해도 머릿속으로만 생각하면 아무런 손해가 나지 않는다. 틈날 때마다 기록하고 냉장고에 잘 넣어두자.

시간이 지난 뒤 왜 내가 핸드폰 그림을 그렸는지 잊어버릴 수도 있다. 그래도 괜찮다. 무언가를 오래 기억하기 위해서는 '좀처럼 생각이 나지 않던 것을 기억해 내려 애쓰다가 결국 떠올리는 과정'이 필요하다. 망각과 떠올림의 과정을 의도적으로 수행해 보는 것이다.

'사업에 곧바로 써먹어야 하는 경험' 칸은 일단 비워두자. 나머지 칸들을 먼저 채운 뒤, 이렇게 만들어진 냉장고의 기억 속 아이템들을 어떻게 사업 칸으로 옮길 수 있는지를 고민해보자. 물론 사업 칸에서 항상 먼저 생각해야 하는 것은 고객의 경험이다.

46 고객의 경험을 먼저 생각하지 않으면

 고객의 경험을 먼저 생각하지 않으면 어떤 일이 벌어질 까?

최근의 예를 들어보자.

삼성전자에서는 갤럭시 탭 S7 FE 시리즈를 새로 내놓으면서 LTE 모델에 비싼 가격을 책정했고 와이파이 모델은 출시하지 않았다. 그 런데 얼마 되지 않아 해외에서 같은 이름으로 와이파이 모델이 시중에 나왔다. 그것은 LTE 모델보다 속도가 빠른 프로세서가 장착되었고, 가 격은 더 저렴했다. 그런 후에 국내에서 와이파이 모델을 선보였다. 당 연히 국내 소비자들은 분노했다. 고성능 모델인 와이파이 버전을 먼저 내고 이보다 낮은 성능의 LTE 버전을 나중에 냈어도 충분했는데, 발매 순서가 바뀐 것이 문제였다. 소비자들은 어떤 기기를 고를 것인지 출 시 초기에 선택권이 주어지지 않은 것에 대해 사기를 당한 기분이라고 토로했다.

"FE에 속았다."라는 소비자 반응도 뒤따랐다. FE는 팬 에디션(Fan Edition)의 약자로, 과거 갤럭시 노트 7이 배터리 폭발 사고로 리콜되면서 세계적 망신을 당한 후, 흑역사를 청산하는 과정에서 만들어진 브랜드다. 이후 사람들은 FE가 염가판이면서도 필수적인 기능들이 대부분 포함된 특별한 기기로 생각하고 있었다. 하지만 태블릿 사건 이후 'FE'는 '뺀 에디션'이라는 조롱을 듣게 되었다. 가전 기기들을 리뷰하는 아이티(IT), 테크(Tech) 유튜버들도 혹평했다.

사실 갤럭시 탭 S7 FE LTE 모델은 나쁘지 않은 기기였다. 하지만 회사의 잘못된 전략으로 '절대로 제값을 주고 구매하면 안 될 기기'라는 낙인이 찍혔다. 삼성에서는 부랴부랴 할인 행사를 진행하고 A/S를 보증하는 쿠폰을 나눠주기도 했지만, 그것이 얼마나 효과적이었는지는 알 수 없다. 이후 시간이 지나고 소비자들의 불만이 가라앉으면서 과연 이 기기가 그렇게 못 써먹을 제품인지 하나씩 짚어보는 리뷰가 나오기 시작했다. 하지만 이미 등을 돌린 소비자들의 마음을 되돌리기에는 역부족이었다. 초기 판매량의 저조와 태블릿 브랜드 이미지에 타격을 준 것을 생각하면 만만찮은 손해를 입었다.

고객에게 무엇을 먼저 보여주고, 무엇을 나중에 보여주어야 하는지를 결정할 때는 '조삼모사(朝三暮四)'란 고사성어를 염두에 두어야 한다. 조삼모사는 먹이를 아침에 세 개, 저녁에 네 개씩 주겠다는 말에는 원숭

이들이 적다고 화를 내더니 아침에 네 개, 저녁에 세 개씩 주겠다는 말에는 좋아하였다는 데서 유래했다. 사실 조삼모사는 원숭이들의 멍청함을 지적하는 것이 아니다. 설령 말이 통하지 않는 존재라도 그들의 이야기에 귀를 기울임으로써 최적의 협상을 끌어낼 수 있다는 뜻이다.

자본주의 사회에서 사업할 때 가장 중요한 것은 고객 대응 방식이다. 사람의 심리는 조삼모사처럼 미묘하다. 비싸고 좋은 제품을 먼저 보여주고, 이보다 가격이 낮고 대중적인 제품을 나중에 보여주는 것이 현명하다. 돈이 많은 사람은 저렴한 것을 먼저 보여주면 자신이 그렇게 돈이 없는 사람처럼 보여서 무시한다고 생각할 수 있다. 이들은 비싼 물건은 비싼 만큼의 값어치를 한다고 여기는 사람들이다. 반대로 돈이 부족한 사람은 저렴한 물건을 먼저 보여주고 비싼 물건을 나중에 보여줘도 둘 다 비싸다고 생각할 가능성이 크다. 비싼 물건을 먼저 보여주고 그다음에 저렴한 물건을 보여줘야 '상대적으로 이 물건이 싸구나' 하고 받아들인다.

사람들은 소비할 때 일종의 죄책감을 느끼기도 한다.

앞에서 햇반 이야기를 했다. CJ는 가족을 위해 밥을 짓는 주부들이 햇반으로 밥상을 차릴 때의 죄책감을 덜어주기 위해 배려하는 마케팅을 했다. 광고 문구에 '가끔은 햇반이 맛있다.'를 집어넣었다. 정말 바쁘고 정신없을 때 햇반이 요긴하다는 필요성을 어필한 것이다.

소니는 플레이스테이션4 신형 게임기를 한국에 광고하면서 '허락보다 용서가 쉽다.'라는 카피로 소비자를 배려했다. 소니는 한국의 유부

남들이 게임기 한 대를 사면서도 아내의 눈치를 보고 죄책감을 느낀다는 것을 간파했다. 이 광고를 보고 핵심 소비층인 유부남들이 매우 공감했다.

사업은 경험을 파는 것이다. 경험의 시작은 '나'에서 비롯되지만, 최종적으로는 '고객'의 경험으로 귀결되어야 한다. 제품의 성능이 아무리 좋아도 고객의 경험에 집중하지 않으면 사업은 어려워질 수밖에 없다.

47 경험을 구체적으로 그린다

경험은 힘이 세다. 특히 과거에 접하지 못했던 매우 인상적인 첫 경험이라면 더더욱 그렇다. 그 경험은 앞으로 유사한 것을 접했을 때 큰 영향을 미친다. 햇반이 성공을 거두면서 우리가 맛있는 밥의 기준을 햇반으로 평가하듯 말이다.

사업가인 당신은 누구에게, 어떤 새로운 경험을 팔 것인가?

에어비앤비(Airbnb)는 서비스를 이용하는 고객을 6가지 페르소나로 분류했다. 픽사의 애니메이터를 고용해 이름, 나이, 직업 등을 구체적으로 그리는 스토리보드 작업을 했다. 에어비앤비 직원들은 이 스토리보드를 만드는 과정에서 고객들에게 감정이입을 하고, 고객이 원하고 필요한 것을 더 구체적으로 떠올릴 수 있었다.

사업 초기에는 고객과 그들이 원하는 것을 막연하게 생각하기 쉽다. 머릿속에 구체적으로 그려지지 않으면, 에어비앤비처럼 해보자. 단, 그림을 상상으로만 그려서는 안 된다. 만약 당신의 주 고객이 젊은 직장인이라면, 그들이 많이 모이는 곳에 가서 관심사가 무엇인지, 무엇을 사는지, 무슨 고민에 빠져 있는지를 보고 듣고 해야 한다. 이렇게 한 달만 해도 그들을 이해하고 트렌드도 읽을 수 있다.

나는 식당에 가면 사람들이 어떤 이야기를 주고받는지, 관심사가 무엇인지를 듣는다. 맥락없이 귀동냥으로 부정확하게 주워들은 이야기를 그대로 사업에 반영하지는 않지만, 사업 구상을 할 때 큰 도움이 된다. 그런 다음 그들의 얼굴을 잘 기억해두고 스케치를 한다. 이런 실질적인 경험을 통해 사업은 좀 더 구체적이고 피부에 와 닿게 개선될 수 있다.

머릿속으로만 고객을 상상하는 것과 실제로 많은 곳에서 고객을 접하고 구체적으로 그려보는 것은 전혀 다른 결과를 낳는다. 잘되는 사업가는 사무실 책상에서만 상상하지 않는다. 어떤 환경에서든 자신을 그 곳에 던져 넣고 어떤 사업이 튀어나오는지를 살핀다. 사업가는 환경으로 사업하는 존재다.

창업에 관심이 많은 분들로부터 "사업 아이템이나 전략을 어떻게 얻는가?"라는 질문을 자주 받는다. 나는 두 가지 화두를 던진다.

첫째는 '얼마만큼 상상했는가?'이다.

상상력이 풍부하지 않으면 엉뚱한 생각을 할 수 없다. 그 엉뚱한 생각에서 차별적인 아이디어가 나오고 사업 전략을 세우게 한다. 터무니없어도 좋으니 끝없이 상상할 것을 권유한다. 터무니없어서 남들은 쉽게 생각을 안 했던 것이고, 잘되는 사업가는 엉뚱한 발상에서 나온 것으로 새로운 시장을 발견한다.

둘째는 '얼마만큼 경험했는가?'이다.

상상력에는 한계가 없기에 사업화하기에는 부적합한 경우도 있다. 사업가는 상상한 것이 고객이 원하고 필요성을 느끼는 것인지 따져본다. 이때 중요한 것이 실제 경험이다.

예를 들어보자. 당신은 신뢰할 만한 중고 거래 앱을 만들고 싶다. 여기까지는 상상이다. 그런데 경쟁자들이 너무 강하다. 이것이 현실이다. 경쟁자들과 같은 방식으로는 아무래도 쉽지 않을 게 분명해 보인다. 그렇다고 포기할 것인가? 어떻게 해야 할까?

이제 실제로 경험했던 것을 떠올려보자. 여러 번 중고를 거래해본 사람들은 택배보다는 동네 근처에서 직거래를 선호한다. 사기당할 가능성이 상대적으로 낮고, 판매자가 있는 먼 곳까지 가서 기다릴 필요도 없기 때문이다. 동네 사람과 만나서 물건을 거래하는 것이 훨씬 편하다. 그렇다면, 특정 지역에서 사용자의 위치정보를 기반으로 운영되는 중고 거래 사이트를 만들면 어떨까?

판교에는 개발자들이 많다. 이들은 다양한 전자기기를 사용하므로 중고로 팔아야 할 일도 생길 것이다. 판교 사람들끼리 '판교 장터'를 만들어보면 어떨까? 당신이 개발자라면 사이트를 만드는 데 그리 오랜 시간이 걸리지 않을 것이다. 이렇게 시작해서 만들어진 앱이 있다. 후일 이름을 바꿔 지금의 '당근마켓'이 되었다. 당근마켓은 여전히 지역을 기반으로 하고 지역 커뮤니티 앱 같은 역할도 담당한다.

우리는 이 사례에서 무엇을 배울 수 있을까?

사업에 관한 구체적인 계획이 없을 때는 자유롭게 상상하는 것이 중요하다. 넓게 봐야 한다. 하지만 실질적으로 사업을 시작했을 때는 아주 작은 일상의 현실로부터 시작해야 한다. 이때는 깊게 봐야 한다. 우리의 일상은 자세히 깊게 들여다보지 않으면 잘못 이해하거나 흘려보내기 쉽기 때문이다.

48 개인적 경험을 객관적으로 바라본다

청소년들을 대상으로 진로 강의를 한다. 진로 분야의 전문 강사는 아니지만, 청소년들에게 생각하는 힘을 길러주고 싶어서 강의 요청이 오면 거절하지 않는다. 강의하면서 고착화된 사고에 안타까움을 느낄 때가 종종 있다.

아이들에게 "훌륭한 사회복지사가 되려면 무슨 학과에 진학해야 할까요?"라고 질문하면 대다수가 "사회복지학과요!"라고 대답한다. "훌륭한 요리사가 되려면 무슨 전공을 해야 할까요?"라고 질문하면 "(호텔)조리학과요!"라고 대답한다. 나는 다시 묻는다. "훌륭한 헤어디자이너가 되려면 무슨 전공을 해야 할까요?" 아이들은 이구동성으로 "미용학과요!"라고 대답한다.

어쩌면 당연한 답변이라고 생각할 수 있지만, 나는 이런 사고를 아이들에게 주입해놓은 기성세대로서 일종의 연대 책임을 느낀다. 부족한 진로 교육 탓인지, 아니면 시대적 분위기가 그렇게 아이들을 몰아가기 때문인지는 몰라도 아이들의 생각은 너무나 단편적이다.

나는 아이들이 지금 실력과 경험이 부족하더라도 장점을 발견하고 이해하며, 자신을 필요로 하는 곳에서 꿈을 펼치기를 바란다. 물론 대학에서 사회복지학을 공부하면 훌륭한 사회복지사가 될 수도 있다. 각종 사회법제, 복지 프로그램, 타인을 존중하는 방법에 대해 좀 더 전문적으로 공부할 수 있다. 하지만 훌륭한 사회복지사 중에는 경영학과, 공대 출신들도 많다. 훌륭한 요리사가 되기 위해 조리학과에 꼭 가야만 하는 것도 아니다. 누가 보든 말든 유튜브에 자신이 요리한 것을 직접 찍어 올려보고 다른 사람들과 공유하는 것이 더 좋은 선택일 수도 있다. 셰프가 되어야만 훌륭한 요리사인가?

예를 들어보자. 한식 유튜버 '망치(Maanchi)'는 아들이 "엄마, 비디오로 찍어서 사람들하고 공유해봐."라는 말을 듣고 싸구려 디지털 캠으로 요리 영상을 찍었다. 전 세계 사람들은 한국 아줌마가 한국식 영어로 말하며 한식을 만드는 영상을 보고 기묘한 매력에 점차 빠져들었다. 이제 그녀는 580만 명이 구독하는 유명한 한식 유튜버가 되었다.

공대생은 요리사가 될 수 없을까?
얼마든지 가능하다. 푸드테크 스타트업을 생각해 볼 수 있다. 대표

적인 국내 스타트업 중 하나는 '신스타프리젠츠'다. 이들은 '공돌이부엌'이라는 이름으로 압구정 로데오에서 누룽지 닭갈비를 주력메뉴로 팔고 있다. 이 회사는 자신들의 상호답게 자동화 기계로 조리한다. 재료를 다듬는 건 여전히 사람의 손으로 하지만 그다음에는 솥처럼 생긴 용기에 재료를 넣고 버튼만 눌러주면 자동으로 조리가 된다.

정리하자면, 요리사가 되기 위해 대학의 조리학과에 들어가야 한다는 것 자체가 낡은 관념일 수 있다. 필요하면 조리사 자격증을 따면 된다. 오늘날 요리의 영역은 매우 넓다. 정말 요리를 좋아한다면 이와 연계된 다양한 가능성을 모색해야 한다. 그것은 삶을 경영하는 철학적인 부분일 수도 있다.

49   성공을 돌아보고 복기한다

 "사업에 실패하는 가장 큰 원인은 뭘까요?"

이 질문을 듣고 대다수는 '잘못된 선택'을 했기 때문이고 답한다. 아이템을 잘못 골랐다, 타이밍이 좋지 않았다, 자금이 부족했다 등의 이유도 빠지지 않는다.

과연 그럴까? 나는 사업이 망하는 원인은 아이러니하게도 '성공' 때문이라고 말하고 싶다. 사람들은 실패했을 때만 자신의 패인을 분석하기 때문이다. 사업에 성공한 사람들이 성공한 과정을 돌아보고, 무엇이 잘못되었는가를 되짚어볼까? 이미 성공에 도취한 사람은 반성하는 것이 쉽지 않다. 그래서 사업에 성공한 사람들도 자신이 왜 성공했는지 근본적인 이유를 잘 모른다.

예를 들어보자. 생과일주스 프랜차이즈로 성공한 사업가가 기자와 인터뷰했다. 기자가 성공한 이유를 묻자 사업가는 이렇게 말했다.

"다른 가게들보다 생과일을 많이 넣어서 맛을 차별화한 것이 성공한 이유라고 생각합니다."

실제로는 그렇지 않았다. 이 프랜차이즈가 성공한 가장 큰 이유는 매장 크기가 작았기 때문이었다. 매장이 작아서 임대료가 낮았고, 테이크 아웃만 해서 매장 인테리어에 돈을 들이지 않았다. 그러다 보니 창업 비용도 저렴했고, 조리방식도 다른 프랜차이즈에 비해 상대적으로 단순했다. 소비자들로서는 가격이 저렴하고 맛도 괜찮았으니 장사가 잘된 것이다.

정리하자면, 비용을 줄이고 맛의 퀄리티를 높였던 것이 이 사업의 핵심적인 성공 요인이었다. 다 아는 이야기겠지만, 프랜차이즈 외식 사업은 음식의 퀄리티만 높다고 성공할 수 없다. 업주, 소비자, 사업가의 삼박자가 맞아야 한다. 물론 생과일주스 프랜차이즈로 성공한 사업가도 이 사실을 몰랐을 리 없다. 다만, 이 사실을 알면서도 능력 있는 사업가로 자신을 포장하기 위해 그렇게 말했을 수도 있다.

막국수로 연 매출 30억을 달성한 식당의 전략

용인시 고기동에 있는 유명 막국수 가게는 연 매출이 무려 30억 원에 이른다. 막국수 한 그릇 가격이 8,000원에 불과하지만, 하루 매출이 무려 1,000만 원에 달하고, 한해 누적 손님이 30만 명에 이른다. 물론 10년간(2012년 오픈)의 노력이지만, 장사 초기엔 불편한 교통 여건, 메뉴가 막국수 하나라는 단순함을 극복하기가 쉽지 않았다.

장사 초기에는 막국수의 맛을 내는 데 집중했다. 손님 한 명이라도 그 맛을 잊지 않고 지인들에게 추천하여 다시 오길 바라는 마음에서였다. 그러나 그 식당을 다녀간 사람들이 모두 아는 사실이지만, 결코 쉽게 찾아갈 수 있는 식당이 아니다.

이 식당의 주인은 서울 압구정동에서 일본식 주점을 운영하다 실패하고 용인으로 왔다. 아이러니하게도 상권이 좋았던 압구정동에서는 실패하고 상권이 좋지 않은 용인시 고기동에서는 오히려 성공하는 상황이 연출되었다.

이것은 실패 경험에 대한 복기를 통해 고객이 원하는 것을 정확하게 짚어낸 결과였다. 막국수 가게 주인이 실천한 희소가치 전략 두 가지를 살펴보자.

❶ 고객에게 집중할 포인트를 제대로 구분했다

고객에게 집중하기 위해 식당 안에서 '음식을 드시는 고객', 식당 밖에서 '기다리는 고객', 그리고 식당을 '다녀간 고객'으로 구분했다. 최우선순위는 식당 안에서 '음식을 드시는 고객'이었다.

일식 주점을 운영하다 실패한 경험이 있기에 고객의 중요성을 인식했다. 압구정에서 7년 동안 식당을 운영했을 때는 고객을 기억하지 못하고 자신이 해야 할 일에만 집중했었다. 그것이 실패 요인이었다.

그럼 고객에게 집중한다는 것은 무슨 의미인가? 그것이 왜 희소한 가치인가?

고객을 대하는 태도가 중요하다. 무엇보다 고객을 대할 때는 합리적이며 군더더기가 없어야 한다. 멘트는 세련되게 하되 과하지도 부족하지도 않아야 한다. 사장은 매일 직원들에게 응대 멘트를 교육하고 표준안도 만들었다. 또한 직원들에게 정갈한 옷차림으로 응대하라고 했다.

이 막국수 가게에 가면 특이한 점이 눈에 띈다. 직원들이 손님에게 질문을 한다. 가령, 고객의 평가를 기다리는 것이 아니라 평가를 해달라고 부탁한다. "막국수 맛이 어떠셨어요?", "어떤 점이 좋았어요?"라고 물으면서 고객의 이야기를 끌어낸다. 아무 생각 없이 막국수를 먹었던 고객도 그 질문을 받고 나면, 왜 맛있었는지를 설명해야 했고 그러는 가운데 그 고객은 막국수에 대한 종합적인 평가를 내리게 되는 셈이다. 결국 누군가 이 고객에게 막국수에 대해 묻는다면 그는 종업원의 질문에 대답했던 그 말을 그대로 할 것이다. 이 막국수 식당은 이러한 '열린 질문'을 통해 자신들을 각인시킨다.

❷ 철저한 모니터링이다

개업 후 10년 동안 꾸준히 온라인 후기를 살펴봤다. 물론 그 후기에 바로바로 반응하지는 않았다. 자칫 감정적 소모로 이어질 수도 있기 때문이다. 중요한 점은 이러한 후기를 꾸준히 모니터링했다는 것이다. 끊임없이 방향성을 검토하고, 잘못된 관행이 있다면 이를 개선하기 위한 도구로써 사용했다.

예를 들어, 이 식당의 가장 큰 불만은 오랜 대기시간과 주차장소 부족이다. 이러한 클레임을 해결하기 위해 대기 장소를 따로 마련하고, 추운 날씨에 방한이 되도록 장치를 마련했다. 또 장기적으로 주차장을 늘려 나갔다. 이처럼 고객의 후기를 체크하여 꾸준히 개선함으로써 고객의 불편을 최소화하기 위해 노력했다.

막국수 하나를 잘 팔기 위해서 고객에게 집중하는 시스템을 만든 것이 연 매출 30억을 달성하게 했다. 이 시스템이 희소가치로 작용하여 성공하게 된 것이다.

실패를 돌아보고 교훈으로 삼으라는 말은 정말 흔하다. 하지만 성공을 돌아보고 복기해보란 말은 흔치 않다.

사업가의 실전 경험은 매우 중요하다. 하지만 경험이란 복합적이다. 사람은 의도에 맞춰 자신의 경험을 잘못 해석해버리는 실수를 저지르곤 한다. 무의미한 실패였으나 의미가 있었다고 포장하기도 하고, 매우 의미 있는 경험이었으나 결과가 실패였기에 일부러 지워버리려고 애쓰기도 한다.

나는 사업가들에게 자기소개서를 쓰는 것처럼 자신의 사업 경험을 낱낱이 쓰기를 권한다. 제이콥의《너는 생각보다 자소서를 잘 쓴다》에서는 '경험 분해'라는 개념을 중점적으로 다루면서 이를 위한 네 가지 개념을 이야기한다.

Situation/Result	상황 및 결과는 어땠는가?
Problem	어떤 문제가 있었는가?
What I did	나는 무엇을 했는가?
Competence	내 직무역량은 무엇인가?

이 책의 내용은 취업준비생들을 위한 자소서 쓰기지만 사업가라고 해서 이 내용을 써먹지 못할 이유는 없다.

사업가에겐 자신이 어떤 사업에 어울리는 사람인지를 판별해주는 입사 면접이 없다. 내가 경영을 맡은 병원의 의사 선생님들만 해도 의사 자격을 취득하고 오랜 기간 경력을 쌓아오면서 검증받은 분들이다. 하지만 사업가에겐 이런 공인된 검증 과정이 없다. 사업가는 자기 스스로 자격이 있는 사람인지를 항상 따져봐야 한다. 스스로 과대평가하거나 과소평가하기 쉽기 때문이다.

나는 초보 사업가에게 '사업에 입사(入事)한다'라는 자세를 권하고 싶다. 스스로 이 사업에 입사해도 될지를 허락받기 위해 입사 면접서를 만들어보기 바란다. 이러한 과정을 거친다면 지금까지 자신이 축적한 경험 그리고 성공을 되돌아볼 수 있고 자신의 사업 역량이 무엇인지를 이해하는 데 도움이 될 것이다.

50　경험과 관점을 파는 사업가

흔히 사업가 하면 떠오르는 고정관념이 있다. 사업가는 철저하게 스케줄에 맞춰 바쁘게 움직이고 자신의 목표를 달성하는 것 같다. 성공한 사람들에겐 뭔가 남다른 시간 관리법, 업무 방법, 미래 계획이 있을 것으로 여긴다. 하지만 사석에서 성공한 사업가들을 만나 앞으로의 계획을 물어보면 대부분 "글쎄요?"라며 고개를 가로젓는다. 그 중에 한 사업가는 이렇게 이야기했다.

"내가 계획을 짜서 '이대로 갈 수 있겠지?' 그렇게 생각했을 때 실제로 그렇게 된 건 거의 없거든요. 계획대로 따라간 게 아니라, 계획대로 되지 않아서 어떻게든 하다 보니 예상치 못한 곳에서 큰 도움이 되는 사람을 만나고, 계속해보자는 계획이 생긴 거죠. 핑계 대지 않고 해볼 수 있는 건 다 해보려고 한 게, 엉뚱한 길로 빠지지 않으려고 이를 악물었던 게 계획이라면 계획이었던 겁니다. 웃기는 이야기

같겠지만 올바른 방향으로 가고 있으면 계획이란 건 그냥 자연스럽게 생겨요. 아, 저도 계획을 짜긴 해요. 주간 일정 같은 계획이죠."

당신에게 도움이 될 만한 이야기를 하나 더 들려주겠다. 외국계 보험 회사에 다니는 최고의 재무설계사를 알고 있다. 회사에서 성공한 재무설계사를 인터뷰하는 프로그램을 만들었는데, 인터뷰어가 그에게 앞으로의 목표를 물었다. 그는 이렇게 말했다.

"목표에 관해서 사람들이 제일 많이 거짓말을 해요. 목표? 그런 건 저한테 없어요. 허튼 목표를 잡고, 뭔가 목표가 있어 보이는 것처럼 자신을 속일 거라면 차라리 안 하는 게 나아요. 내 목표가 아니라 내 고객 한 사람의 목표에 집중해야 해요. 저는 실행에 옮기지도 못할 무의미한 목표를 잡는 데 시간을 낭비하기보다 보험료를 많이 못 내는 고객에게 어떻게 더 보장을 많이 해줄까에 대한 고민을 해요. 제가 어릴 적에 정말 어렵게 살았기 때문입니다. 저는 보험을 한 건 더 팔고 덜 팔고 하는 거에 매달리지 않아요. '한 달에 몇 건 팔겠다.' 이런 계획은 전혀 세우지 않아요. 그러니까 저는 엄밀히 말하면 보험을 파는 게 아니에요. 제가 가진, 남들과 다른 보험에 대한 경험과 관점을 파는 거죠."

51 사업가의 자격이 있는지 들여다보라

반려견 훈련사로 유명한 강형욱 씨의 《당신은 개를 키우면 안 된다》를 보면서, 한 생명을 책임지는 일에 관해 생각했다. '내가 견주가 될 수 있을까?'를 넘어서 '내가 견주가 되어야만 할까?' 하는 질문을 스스로 했다.

내가 어떤 이유로 어떤 개를 좋아한다고 해서 그 개의 본성을 억누르고, 괴롭혀가면서 길러야 할까?

만약 내가 외로워서 개를 키우려는 것이라면 과연 그래야 할까?

사람에겐 외로움을 해소하는 많은 방법이 있다. 반면에 강아지에겐 내가 전부다. 내가 견주가 된다면 서로에게 불행한 것이 아닐까.

나는 이 책을 읽으면서 사업가에게 하고 싶은 말이 떠올랐다. 어째서 그 누구도 "당신은 사업을 하면 안 된다."라는 말을 하지 않는가?

나는 이런 결론을 내렸다. 사람들 대다수는 현실을 깨닫고 싶어 하지 않는다. 이른바 멘토를 자청하는 검증되지 않은 수많은 전문가는 다수의 독자가 원하는 것이 진정제가 아니라 각성제라는 걸 누구보다 잘 알고 있다. 물론 이런 각성제 같은 동기부여 책이 도움이 되는 사람도 있을 것이다. 하지만 빌 게이츠나 삼성전자 이재용 부회장이 동기부여 책을 읽는 모습은 상상이 안 된다. 그들은 이미 현실이라는 각성제를 매일 한 움큼씩 먹고 있기 때문이다. 그러니 시중에 나와 있는 각성제 같은 책의 핵심 독자는 아이러니하게도 꿈에서 벗어날 생각이 없는 사람들일 것이다. 무의미한 꿈을 계속해서 꾸게 해주는 각성제를 만드는 작가들의 작업실에는 주요 고객을 정의해놓은 종이가 붙어있을지도 모른다.

> 빨리 부자가 되고 싶은 사람.
>
> 지금 직업이 지루하고 성취감을 못 느끼는 사람.
>
> 내가 좋아하는 일을 더 많이 하고 싶은 사람.
>
> 더 많은 자유시간을 원하는 사람.
>
> 누구의 지시 없이 독립적으로 일하고 싶은 사람.

당신이 이런 사람이라면 사업을 해서는 안 된다. 당신이 앞으로 사업가로서 만나게 될 현실의 고객은 직장에서 만난 어떤 악덕 사장과 비교해도 상상 그 이상일 것이다. B2C라면 더욱 그럴 것이고, B2B라고 해도 다를 게 없다.

실제로 백화점에서 벌어진 일을 예로 들어보자. 한 고객이 찾아와서 어제 매장에 옷을 놓고 갔다고 한다. 아무리 찾아봐도 고객이 놓고 갔다는 옷은 없다. 매장 CCTV를 돌려보니 그 손님은 옷을 놓고 가지 않았다. 손님은 매장에서 영상을 조작했다며 우긴다. 백화점 자체 CCTV를 보여주었더니 그것도 조작이라며 우긴다.

또 하나의 예를 들어보자. 당신 가게의 냉면이 맛이 없다며 별점 평가를 형편없이 준 사람이 있다. 그런데 기가 찬 것은 당신의 식당에서는 냉면을 팔지 않는다는 것이다.

사업가가 됐는가? 축하한다. 이런 고객들이 사업가인 당신이 상대해야 할 새로운 보스, 게임으로 치면 끝판왕이다. 불합리함의 극을 달리는 이런 끝판왕 때문에 당신은 게임의 다음 스테이지를 보지 못하고 포기할 수도 있다. 그래서 누군가가 이 게임은 돈 낭비니까, 망할 거니까 하지 말라고 한다.

당신이 사업가로서 부적합한 면이 있는지 스스로 물어봐야 한다.

• 만약에 부적합하다면 당신은 스스로 바꿀 것인가?

• 그래야만 할 이유가 있는가?

당신은 사업에 적합한 사업가로 바뀌어야만 한다. 그렇게 되면 당신
은 이미 사업을 하고 있을 것이다.

> 계속 실패만 겪어서 성공에 목말라 있는 사람
>
> 내 직업적 경험을 살려 희소한 가치를 만들고 싶은 사람
>
> 사업에 필요한 필수적 스킬과 경험이 있는 사람
>
> 남의 일이 아닌 내 일에 나를 갈아 넣길 원하는 사람
>
> 나보다 뛰어난 키맨(keyman)과 함께 일하고 싶은 사람

사업가의 렌즈로 세상 바라보기

당신이 바닥부터 출발해야 하는 사업가라면 진화의 단계와 문명의
단계가 있다는 것을 알아두어야 한다. 오스트랄로피테쿠스에서 호모
사피엔스로 갑자기 진화할 수는 없다. 청동기 시대에서 갑자기 철기 시
대로 도약할 수도 없다.

사업도 마찬가지다. 어떤 사업을 구상하고 무엇을 목표로 하고 있건
간에 당신은 절대로 그 길로 곧장 달려갈 수 없다. 무수히 많은 장애물
이 튀어나올 것이며, 무수히 많은 사람이 당신의 발목을 잡아당길 것이
다. 심지어 아무 장애물도 없는데 왼쪽 다리에 오른쪽 다리가 걸려 넘어

지는 일도 벌어질 것이다.

사업하기 전에는 당연해 보이는 것들도 알고 보면 당연하지 않은 것이 대부분이다. 이렇게 힘든 과정을 거쳐서 사업가는 궁극적으로 무엇을 얻을 수 있을까? 돈? 아니다. 돈은 부차적이다. 당신이 궁극적으로 얻게 되는 것은 세상을 바라보는 렌즈다. 현실을 제대로 바라볼 수 있는 자기만의 렌즈를 얻게 된다. 이것은 어느 안과를 가도, 어떤 안경원을 찾아가도 얻을 수 없는 희소한 렌즈다.

나는 성공한 백만장자 사업가가 아니다. 사실 성공이라는 단어는 매우 주관적 개념이지만, 아직은 성공한 사업가가 아니라고 생각한다. 사업가로서 대가(大家)를 이루지도 못했고 오랫동안 사업을 영위한 것도 아니다. 하지만 큰 성공을 이루어야만 성공에 관한 발언권을 가지는 것은 아니다.

이 책은 막 항구를 떠나 항해를 시작한 어느 선장의 일지 같은 것이다. 나는 이 시대의 많은 젊은이가 선망하는 공직자, 대기업의 직위를 모두 뭍에 남겨 두고 떠나왔다. 깊이 고민하고 내린 결정이었다. 더는 삶을 허비하고 싶지 않았다. 그래서 사업을 결심한 것이다.

이 책은 어떤 사업가의 성공사례를 홍보하는 책이 아니다. 경영 전문서도 아니다. 단지, 사업가의 고민은 무엇이며, 사업가는 어떤 통찰력을 가져야 하는지를 이야기하고 싶었다. 그간의 내 경험을 털어놓고 고민이 생기면 그 문제를 어떻게 바라보고 대처해야 하는지를 공유하고 싶었다. 이를 위해 사업가가 마땅히 가져야 하는 일의 철학을 조리 도구라는 프레임으로 이해를 돕고자 했다.

나는 7가지 조리 도구를 통해 사업가가 겪는 모든 생각 과정을 조리하여 나만의 요리로 만들었다. 우리는 먹어야만 생존하는 존재다. 사업은 뜻대로 되지 않고, 힘들고 외로워서 밥 한 숟가락 뜰 마음이 나지 않아도 우리의 뱃속은 그런 고상한 고민 따윈 모르겠다는 듯이 매 끼니를 요구한다. 세상에서 가장 잔인한 사채업자가 있다면 그건 우리의 배 속에 있지 않을까 싶다.

사업하다 보면 나 자신이 너무 미워서 이 와중에도 밥이 넘어가느냐는 말이 저절로 나오는 순간이 있다. 그런 때도 어김없이 허기는 찾아와서 더욱 비참하게 만든다. 하지만 나는 그런 비참함을 이겨내고 한술 뜨는 것이 사업가를 한 단계 성장시킨다고 믿는다.

내가 만든 이 요리가 사업의 본질과 비본질을 고민하고 연구하는 사업가들에게 조금이나마 힘을 주고, 영혼을 위한 해장국이 되기를 바란다. 이 책의 독자들이 뜻하는 대로 사업을 일궈내어 자기만의 자유를 쟁취하길 바란다.

참고 문헌

강형욱, 《당신은 개를 키우면 안 된다》, 혜다, 2019.

대니 메이어 저, 노혜숙 역, 《세팅 더 테이블》, 해냄, 2007.

마이클 배트닉 저, 김인정 역, 《투자 대가들의 위대한 오답 노트》, 에프엔미디어, 2019.

심효윤, 《냉장고 인류》, 글항아리, 2021.

유호현 외, 《실리콘밸리를 그리다》, 스마트북스, 2018.

이용재, 《조리 도구의 세계》, 반비, 2020.

이타미 히로유키 저, 이혁재 역, 《경영자가 된다는 것》, 예인, 2010.

제이콥, 《너는 생각보다 자소서를 잘 쓴다》, Mind3, 2019.

하워드 막스 저, 김경미 역, 《투자에 대한 생각》, 비즈니스맵, 2012.